はじめに

え？

…ええ？？？

何…なになになに…どゆこと？

P丸様。と…

中学英単語1000語？？？？

ちょwwwまってwww

「え，Pちゃんって英語とかできるっけ？」

「いや～さすがに無理じゃね？www」

「てか英語の前に，
そもそも日本語できるんだっけ？」

……っていうみんなの心の声が
聞こえてくるんですけどっっっ!?!?

いや，僕だってみんなとおんなじぐらい

不安

なんですけど…!?!?!?

あ, 待って!!!
まだ本閉じないで!

だいじょうぶだからーっっ!!

中学英単語,
できるようになりますからーーーっ!!

あのね, 英語教育の専門家の先生が
「監修」ってやつをしてくれてるの(ガチで)!

それで「中学校の教科書にいっぱい出てくる
ゼッタイ覚えておきたい英単語」を厳選して
きゃんわいい例文にしてくれてるから!!
しかも!! 覚えておくと便利な単語や
ちょっぴりおふざけな単語も
ときどき混ぜてくれてて楽しいからっっ!!
さらにさらに, 単語のポイントも
丁寧に解説してくれてるし!!

だから…
中学の英語のテストで
いい点とりたい子も,
大きくなってから
英語のおさらいしたいな〜って子も,

僕といっしょに,
中学英単語1000語
マスターしよ〜〜〜!!!!

P丸様。

YouTubeなどで幅広く
活動中の, 言わずと知れた
マルチエンターテイナー!
「ゆるふわ〜」はじめ
いろんなキャラクターたちの
生みの親。
お勉強はぶっちゃけ
苦手だけど,
この本でみんなと一緒に
がんばることにした!

「ゆるふわ〜」の仲間たち

うさぎさん

「ゆるふわ〜」の
主人公。
口ぐせは「うゆ!」
サイコな言動をしがち。
泣き声は
「ぴえんぴえん」。

くまくん

落ち着いた性格。
聞き役,
ツッコミ役を
することが多い。
居酒屋で
働いている。

りすくん

マッチ売りの少女ちゃん
に恋している。
「ゆるふわ〜」の中では
最も常識的な存在。
この本でも
解説を担当する。

マッチ売りの少女ちゃん

かわいい黒ギャルに
あこがれ，
アパレルショップで
働いている。

白雪姫ちゃん

空気を読まない
不思議ちゃん。
赤ずきんちゃんと
よくケンカする。

赤ずきんちゃん

くまくんに片想い中。
流行にくわしい。
他人に厳しく，
サイコな一面がある。

おおかみくん

仲間をすぐ
食べてしまう。
実は天才肌で
成績優秀らしい。

うさぎさんの弟

うさぎさんに
可愛がられている。
メンヘラな
ところがある。

「お嬢様と執事」のキャラクター

お嬢様

伊集院純恋。
大富豪のお嬢様。
高校生。

執事

田中颯太。
お嬢様
直属の執事。

鈴音様

純恋の姉。

メイド

臨時のメイド。

ほかにもいろんなキャラクターが出てきちゃったりするけど，
だいたいこんな感じだよ！

この本の読み方

例文&単語

P丸様。の動画をもとにした例文だよ〜。
これで中学英単語1000語をマスターするよ〜！

（一部の表現には高校で習う文法も入ってるけど、
なるべく自然な英語にしたよ〜。）

ここは
「『ゆるふわ〜』界で
いちばんの常識人」と
いわれる
このボク・りすくんが
紹介するよ〜。

マッチいりませんか〜〜？？

私の前で売らないでくれる？

私のそばでマッチを売らないで！
Don't **sell** matches **by** me!

☐ 156 **sell**
[sel]セル
動 …を売る

☐ 157 **by**
[bai]バイ
前 …によって、…のそばに

match…［マッチ］
（火をつける）マッチ

私のマッチが

売れないんだけど？

私はお金がいるのよ！
I **need money**!

☐ 158 **need**
[niːd]ニード
動 …を必要とする
need to …［…する必要がある］

☐ 159 **money**
[mʌni]マニィ
名 お金

moneyは数えられない名詞だよ。だから、いっぱいお金があっても
moneysとは言えないんだよ〜。
マッチ売りの少女ちゃん…そんなにお金がほしいんだね〜。

音声

ネイティブの音声が
聞けるよ〜。
ダウンロードの
方法はP.8を
チェックしてね〜。

アドバイス

ガチの英語教育専門の
先生に教わった大事な
ポイントをボクや
おおかみくんが伝えるよ〜。
「読んでやってもいいよ」って
思ったときに読んでね〜。

プラス情報

難しい単語や
熟語、補足情報は
小さく紹介
してるよ〜。

アイコンの意味

代	…… 代名詞	前	…… 前置詞	副	…… 副詞
動	…… 動詞	名	…… 名詞	形	…… 形容詞
接	…… 接続詞	間	…… 間投詞		
助	…… 助動詞	冠	…… 冠詞		

〈補足情報〉

複	…… 複数形（特に珍しい形のものを紹介しているよ）
活	…… 動詞の活用「現在形-過去形-過去分詞形」
熟	…… よく使われる便利な熟語表現

目次

音声ダウンロード特典

ここでダウンロードできる音声では…,
なんと,ぼくのネイティブ並みの世にも美しい英語の発音が聞け…

……ってんなわけあるか～!ww

さすがに,ここは

英語の発音の専門家・超プロ!!
ガチでネイティブのナレーターさんに
お願いしましたっ!!www

でもねでもね,まるでほんとにぼくがしゃべってる声みたいに,

め～っちゃくっちゃ,かわいい声なの♡

「え!? Pちゃん英語ペラペラになっちゃった?」って思うから!!
だから,ぜひ聞いてみてねっ! キャッキャッ!!

パソコンでダウンロードするなら!

https://kdq.jp/pmarusama-eigo

| ユーザー名 | Pmarusama-eigo | パスワード | d3-tam6r |

上記のURLへアクセスいただくと,データを無料ダウンロードできます。「ダウンロードはこちら」という
一文をクリックして,ユーザー名とパスワードをご入力のうえダウンロードし,ご利用ください。

注 意 事 項

- ●ダウンロードはパソコンからのみとなります。携帯電話・スマートフォンからのダウンロードはできません。
- ●音声はmp3形式で保存されています。お聴きいただくには,mp3を再生できる環境が必要です。
- ●ダウンロードページへのアクセスがうまくいかない場合は,お使いのブラウザが最新であるかどうかご確認ください。
  また,ダウンロードする前に,パソコンに十分な空き容量があることをご確認ください。
- ●フォルダは圧縮されていますので,解凍したうえでご利用ください。
- ●音声はパソコンでの再生を推奨します。一部ポータブルプレイヤーにデータを転送できない場合もございます。
- ●本ダウンロードデータを私的使用範囲外で複製,または第三者に譲渡・販売・再配布する行為は固く禁止されております。
- ●なお,本サービスは予告なく終了する場合がございます。あらかじめご了承ください。

スマートフォンで聴くなら!

abceed アプリ (無料)
https://www.abceed.com/

上記のURLまたは2次元コードより,
スマートフォンにabceedアプリ(無料)をダウンロードし,
「教材」タブから書名を検索してご利用ください。

※再生方法は「abceed」サイトよりご確認ください。
※「abceed」には無料の「Freeプラン」と別に有料の「Proプラン」がございます。
※abceedは株式会社Globeeのサービスです。(2024年6月時点)

数

野糞を数えるときとかに使えるよ。
うゆ〜!!

☐ 001	**zero** [zí(ə)rou] ズィ(ア)ロウ	0	
☐ 002	**one** [wʌn] ワン	1	
☐ 003	**two** [tuː] トゥー	2	
☐ 004	**three** [θriː] スリー	3	
☐ 005	**four** [fɔːr] フォー(ァ)	4	
☐ 006	**five** [faiv] ファイヴ	5	
☐ 007	**six** [siks] スィックス	6	
☐ 008	**seven** [sévən] セヴン	7	
☐ 009	**eight** [eit] エイト	8	
☐ 010	**nine** [nain] ナイン	9	
☐ 011	**ten** [ten] テン	10	
☐ 012	**eleven** [ilévən] イレヴン	11	
☐ 013	**twelve** [twélv] トゥウェルヴ	12	
☐ 014	**thirteen** [θəːrtíːn] サ〜ティーン	13	
☐ 015	**fourteen** [fɔːrtíːn] フォーティーン	14	
☐ 016	**fifteen** [fiftíːn] フィフティーン	15	

☐ 017	**sixteen** [sikstíːn] スィクスティーン	16	
☐ 018	**seventeen** [sevəntíːn] セヴンティーン	17	
☐ 019	**eighteen** [eitíːn] エイティーン	18	
☐ 020	**nineteen** [naintíːn] ナインティーン	19	
☐ 021	**twenty** [twénti] トゥウェンティ	20	
☐ 022	**thirty** [θɔ́ːrti] サ〜ティ	30	
☐ 023	**forty** [fɔ́ːrti] フォーティ	40	
☐ 024	**fifty** [fífti] フィフティ	50	
☐ 025	**sixty** [síksti] スィクスティ	60	
☐ 026	**seventy** [sévənti] セヴンティ	70	
☐ 027	**eighty** [éiti] エイティ	80	
☐ 028	**ninety** [náinti] ナインティ	90	
☐ 029	**hundred** [hʌ́ndrəd] ハンドゥレド	100	
☐ 030	**thousand** [θáuz(ə)nd] サウザンド	1000	
☐ 031	**million** [míljən] ミリョン	100万	
☐ 032	**number** [nʌ́mbər] ナンバァ	**名** 数, 数字	

野糞が101個なら
one hundred and one!
野糞が1000個なら
one thousand!

もうかしで100個いきそうだゅ〜!!

序数

日付や何番目かを表すときに使うんだって！
…Pちゃんのこと，世界で何番目に好き？？

☐ 033	**first** [fə:rst]ファ〜スト	1日； 1番目(の)	
☐ 034	**second** [sékənd]セカンド	2日； 2番目(の)	
☐ 035	**third** [θə:rd]サ〜ド	3日； 3番目(の)	
☐ 036	**fourth** [fɔ:rθ]フォース	4日； 4番目(の)	
☐ 037	**fifth** [fifθ]フィフス	5日； 5番目(の)	
☐ 038	**sixth** [siksθ]スィックスス	6日； 6番目(の)	
☐ 039	**seventh** [sévənθ]セヴンス	7日； 7番目(の)	
☐ 040	**eighth** [eiθ]エイス	8日； 8番目(の)	
☐ 041	**ninth** [nainθ]ナインス	9日； 9番目(の)	
☐ 042	**tenth** [tenθ]テンス	10日； 10番目(の)	
☐ 043	**eleventh** [ilévənθ]イレヴンス	11日； 11番目(の)	
☐ 044	**twelfth** [twelfθ]トゥウェルフス	12日； 12番目(の)	
☐ 045	**thirteenth** [θə:rtí:nθ]サーティーンス	13日； 13番目(の)	
☐ 046	**twentieth** [twéntiəθ]トゥウェンティエス	20日； 20番目(の)	
☐ 047	**thirtieth** [θə:rtí:nθ]サ〜ティエス	30日； 30番目(の)	

月名

ところであなたの誕生日，
いつですかぁ〜？

☐ 048	**January** [dʒǽnjueri]チャニュエリィ	名 1月
☐ 049	**February** [fébrueri]フェブルエリィ	名 2月
☐ 050	**March** [ma:rtʃ]マーチ	名 3月
☐ 051	**April** [éiprəl]エイプリル	名 4月
☐ 052	**May** [mei]メイ	名 5月
☐ 053	**June** [dʒu:n]チューン	名 6月
☐ 054	**July** [dʒulái]チュライ	名 7月
☐ 055	**August** [ɔ́:gəst]オーガスト	名 8月
☐ 056	**September** [septémbər]セプテンバァ	名 9月
☐ 057	**October** [aktóubər]アクトウバァ	名 10月
☐ 058	**November** [no(u)vémbər]ノ(ウ)ヴェンバァ	名 11月
☐ 059	**December** [disémbər]ディセンバァ	名 12月
☐ 060	**month** [mʌnθ]マンス	名 (年月の)月， 1か月

Prologue

まずは準備運動〜〜!!

僕の誕生日は4月7日〜！
My birthday is April 7! ┗seventhって読むよ。

曜 日

そういえば1週間って、どうして7日間に分かれてるんだろうね。

☐ 061 **Sunday** [sʌ́ndei] サンデイ	名 日曜日		☐ 065 **Thursday** [θə́ːrzdei] サ〜ズデイ	名 木曜日
☐ 062 **Monday** [mʌ́ndei] マンデイ	名 月曜日		☐ 066 **Friday** [fráidei] フライデイ	名 金曜日
☐ 063 **Tuesday** [t(j)úːzdei] テューズデイ, トゥー‐	名 火曜日		☐ 067 **Saturday** [sǽtərdei] サタデイ	名 土曜日
☐ 064 **Wednesday** [wénzdei] ウェンズデイ	名 水曜日		☐ 068 **week** [wiːk] ウィーク	名 週, 1週間

国 名

全部の国に行ってみたいよ〜〜〜!!

☐ 069 **America** [əmérikə] アメリカ	名 アメリカ, アメリカ合衆国		☐ 079 **Japan** [dʒəpǽn] チャパン	名 日本
☐ 070 **Australia** [ɔ(ː)stréiljə] オ(ー)ストレイリャ	名 オーストラリア		☐ 080 **Kenya** [kénjə] ケニャ	名 ケニア
☐ 071 **Brazil** [brəzíl] ブラズィル	名 ブラジル		☐ 081 **Korea** [kərí(ː)ə] コリー(ー)ア	名 朝鮮, 韓国
☐ 072 **Canada** [kǽnədə] キャナダ	名 カナダ		☐ 082 **Russia** [rʌ́ʃə] ラシャ	名 ロシア
☐ 073 **China** [tʃáinə] チャイナ	名 中国		☐ 083 **Singapore** [síŋ(g)əpɔːr] スィンガポー(ァ)	名 シンガポール
☐ 074 **Egypt** [íːdʒipt] イーヂプト	名 エジプト		☐ 084 **Spain** [spein] スペイン	名 スペイン
☐ 075 **France** [fræns] フランス	名 フランス		☐ 085 **Thailand** [táilænd] タイランド	名 タイ
☐ 076 **Germany** [dʒə́ːrməni] チャ〜マニィ	名 ドイツ		☐ 086 **U.K.** [jùːkéi] ユーケイ	名 [theをつけて]英国, イギリス
☐ 077 **India** [índiə] インディア	名 インド		☐ 087 **country** [kʌ́ntri] カントゥリィ	名 国, 国家
☐ 078 **Italy** [ítəli] イタリィ	名 イタリア			

次の土曜日, エジプトに行きたいわね。
I want to go to Egypt next Saturday.

家族

家族と友達…どっちが大切だと思ってる?

☐ 088	**father** [fá:ðər] ファーザァ	名 父, 父親
☐ 089	**mother** [mʌ́ðər] マザァ	名 母, 母親
☐ 090	**parent** [pé(ə)rənt] ペ(ア)レント	名 親
☐ 091	**brother** [brʌ́ðər] ブラザァ	名 兄, 弟, (男の)兄弟
☐ 092	**sister** [sístər] スィスタァ	名 姉, 妹, 姉妹
☐ 093	**son** [sʌn] サン	名 息子
☐ 094	**daughter** [dɔ́:tər] ドータァ	名 娘

☐ 095	**grandfather** [grǽn(d)fɑ:ðər] グラン(ド)ファーザァ	名 祖父, おじいさん
☐ 096	**grandmother** [grǽn(d)mʌ̀ðər] グラン(ド)マザァ	名 祖母, おばあさん
☐ 097	**uncle** [ʌ́ŋkl] アンクル	名 おじ
☐ 098	**aunt** [ænt] アント	名 おば
☐ 099	**cousin** [kʌ́zn] カズン	名 いとこ
☐ 100	**family** [fǽm(ə)li] ファミリィ	名 家族

英語には「お兄ちゃん」と「弟」/「お姉ちゃん」と「妹」の区別はないんだねー!!

色

くまくんは何色が好きなのかな…。

☐ 101	**black** [blæk] ブラック	形 黒い 名 黒
☐ 102	**blue** [blu:] ブルー	形 青い 名 青
☐ 103	**brown** [braun] ブラウン	形 茶色の, かっ色の 名 茶色, かっ色
☐ 104	**green** [gri:n] グリーン	形 緑の 名 緑
☐ 105	**orange** [ɔ́(:)rindʒ] オ(ー)レンヂ	形 オレンジ色の 名 オレンジ

☐ 106	**purple** [pə́:rpl] パ〜プル	形 むらさき色の 名 むらさき色
☐ 107	**red** [red] レッド	形 赤い 名 赤
☐ 108	**white** [(h)wait] (フ)ワイト	形 白い 名 白
☐ 109	**yellow** [jélou] イェロウ	形 黄色の 名 黄色
☐ 110	**color** [kʌ́lər] カラァ	名 色

**Pちゃんの好きな色は黄色だよっ!
My favorite color is yellow!**

教科

得意な教科が見つからないよぉぉ～。ぴえんぴえん!!

☐ 111	**calligraphy** [kəlígrəfi] カリグラフィ	名 書道	
☐ 112	**English** [íŋgliʃ] イングリシ	名 英語	
☐ 113	**Japanese** [dʒæpəníːz] ヂャパニーズ	名 国語;日本人;日本語	
☐ 114	**math** [mæθ] マス	名 数学	
☐ 115	**moral education** [mɔ́(ː)rəl edʒəkéiʃən] モ(ー)ラル エヂュケイシャン	名 道徳	
☐ 116	**music** [mjúːzik] ミューズィック	名 音楽	
☐ 117	**P.E.** [píːíː] ピーイー	名 体育	
☐ 118	**science** [sáiəns] サイエンス	名 理科,科学	
☐ 119	**social studies** [sóuʃəl stʌ́diz] ソウシャル スタディズ	名 社会科	
☐ 120	**subject** [sʌ́bdʒikt] サブヂェクト	名 (学校の)教科,科目	

Pちゃんは体育が好き～!
I like P.E.!

スポーツ

好きなスポーツ, ありますかぁ～?

☐ 121	**badminton** [bǽdmintn] バドゥミントゥン	名 バドミントン
☐ 122	**baseball** [béisbɔːl] ベイスボール	名 野球
☐ 123	**basketball** [bǽskitbɔːl] バスケットゥボール	名 バスケットボール
☐ 124	**skiing** [skíːiŋ] スキーイング	名 スキー
☐ 125	**soccer** [sákər] サカァ	名 サッカー ・footballとも言うよ。
☐ 126	**swimming** [swímiŋ] スウィミング	名 水泳
☐ 127	**table tennis** [téibl tènis] テイブル テニス	名 卓球,ピンポン
☐ 128	**tennis** [ténis] テニス	名 テニス
☐ 129	**volleyball** [válibɔːl] ヴァリボール	名 バレーボール
☐ 130	**sport** [spɔːrt] スポート	名 スポーツ

疑問詞

いつ・どこ・だれとかを聞くときに使うよ〜！
Who are you?（君はだれ？）とかね〜！

☐ 131	**what** [(h)wɑt](ブ)ワット	代 何 / 形 何の
☐ 132	**when** [(h)wen](ブ)ウェン	副 いつ
☐ 133	**where** [(h)wear](ブ)ウェア	副 どこに[へ], どこで
☐ 134	**which** [(h)witʃ](ブ)ウィッチ	代 どちら / 形 どちらの, どの

☐ 135	**who** [huː]フー	代 だれ
☐ 136	**whose** [huːz, huːz]フズ,フーズ	代 だれの, だれのもの
☐ 137	**why** [(h)wai](ブ)ワイ	副 なぜ, どうして
☐ 138	**how** [hau]ハウ	副 どのようにして; どのくらい;どのようで

このあとのChapterでも
whatとか出てくるんだって〜！要チェック〜！

助動詞

助動詞は動詞に意味をつけたすぞ。
I **can** play soccer.（サッカーができる）とか。

☐ 139	**can** [kæn]キャン	助 …できる; …してもよい
☐ 140	**will** [wil]ウィル	助 …だろう; …しよう,…するつもりだ
☐ 141	**must** [mʌst]マスト	助 …しなければならない
☐ 142	**may** [mei]メイ	助 …かもしれない; …してもよい

☐ 143	**should** [ʃud]シュッド	助 …すべきである
☐ 144	**shall** [ʃæl]シャル	助 (Shall I[we] …? で)…しましょうか
☐ 145	**could** [kud]クッド	助 (canの過去形)…できた
☐ 146	**would** [wud]ウッド	助 (wouldの過去形)…するだろう

まずは準備運動〜〜!!

◆助動詞を使った表現
Can [May] I ...?「…してもいいですか？」
Can [Will] you ...?「…してくれませんか？」
Shall I ...?「（私が）…しましょうか？」
Shall we ...?「（いっしょに）…しましょうか？」
Could [Would] you ...?「…してくださいませんか？」

おまけ

「彼女」とか「それ」とか, 人や物を指すときに使う言葉の一覧表だよ〜。文の中の位置によって変化するんだ〜。

	〜が,〜は （主格）	〜の （所有格）	〜を,〜に （目的格）	〜のもの （所有代名詞）
私	**I** [ai]アイ	**my** [mai]マイ	**me** [mi]ミ	**mine** [main]マイン
私たち	**we** [wi]ウィ	**our** [áuər]アウア	**us** [əs]アス	**ours** [áuərz]アウアズ
あなた （あなたたち）	**you** [ju]ユ	**your** [jər]ユア	**you** [ju]ユ	**yours** [juərz]ユアズ
彼	**he** [hi]ヒ	**his** [hiz]ヒズ	**him** [him]ヒム	**his** [hiz]ヒズ
彼女	**she** [ʃi]シ	**her** [hər]ハ	**her** [hər]ハ	**hers** [hə:rz]ハ〜ズ
それ	**it** [it]イト	**its** [its]イッ	**it** [it]イト	——
彼ら 彼女たち それら	**they** [ðei]ゼイ	**their** [ðər]ザァ	**them** [ð(ə)m]ゼム	**theirs** [ðeərz]ゼアズ

be動詞

原形：be

「〜です」とか「ある（いる）」を表すよ〜。主語（だれのことか）と時制（いつのことか）によって形が変わるんだよう〜。

時制＼主語	I	you,複数	I,you以外で単数 （三人称単数）
現在	**am** [əm]アム	**are** [ər]ア	**is** [iz]イズ
過去	**was** [wəz]ワズ	**were** [wər]ワァ	**was** [wəz]ワズ

Chapter 01

準備オーケー？
よ〜い スタートっっ!!

準備運動はここまで〜!!
いよいよPちゃんたちのセリフで覚える
英単語がはじまってしまう〜〜〜!!!
まずは約200語!
うおぉぉぉぉぉぉぉぉ
とりあえず行ってみよ〜!!!!!!!!!

くまくん！！！

僕たちぃ！

トモダチだよね！！！

違うよ。

くまくん, 僕たちぃ, トモダチだよね!!?
──違うよ。
Kuma-kun, we're friends, right?
— No.

☐	147	**friend** [frend]フレンド	名 友達
☐	148	**right** [rait]ライト	副 正しく；右に 形 正しい；右の 名 権利 熟 ..., right? 「…ですよね?」
☐	149	**no** [nou]ノウ	副 (問いに答えて)いいえ 形 1つの…もない, 1人の…もない

へえあ?
Huh?

へえあ？！？！？！

☐	150	**huh** [hʌ]ハ	間 [軽べつ・おどろき・疑問などを表して] ふん；へえ；なんだって

だって, そういう契約
交わしてないじゃない。

P丸様。は男？ それとも女？

Is Pmarusama a **man or** a **woman**?

よく、「P丸様の性別はなんですか？」

☐ 151	**man** [mǽn]マン	名	男性, 男の人
		複	men
☐ 152	**or** [ər, ɔːr]オ, オー(ァ)	接	〜または…, それとも, [命令形などのあとで]そうしないと
☐ 153	**woman** [wúmən]ウマン	名	女性, 女の人
		複	women

manの複数形はmen，womanの複数形はwomen［ウィミン］だよ。変わった言い方だから，複数形もいっしょに覚えておくといいよ〜。

たぃィィィッ!!

中の人

P丸様の中の人は

女です♡

中の人は女です♡

The **one** behind **the** character is a woman.

☐ 154	**one** [wʌn]ワン	代	[前に出てきた名詞の代わりとして]もの, …の1つ
		形	1つの, ある…
		名	1, 1つ

> **character** …
> ［キャラクタァ］
> 登場人物；性格

☐ 155	**the** [ðə]ザ	冠	その, 例の

The one behind the characterで「中の人」を指すんだね〜。

マッチいりませんか～～??

私の横で売らないでくれる?

私のそばでマッチを売らないで!
Don't **sell** matches **by** me!

☐ 156 **sell**
[sel] セル
動 …を売る

match…[マッチ]
(火をつける)マッチ

☐ 157 **by**
[bai] バイ
前 …によって，…のそばに

私のマッチが

売れないんだけど?

私はお金がいるのよ!
I **need** **money**!

☐ 158 **need**
[ni:d] ニード
動 …を必要とする
熟 need to … 「…する必要がある」

☐ 159 **money**
[mʌ́ni] マニィ
名 お金

moneyは数えられない名詞だよ。だから，いっぱいお金があっても
moneysとは言えないんだよ～。
マッチ売りの少女ちゃん…そんなにお金がほしいんだね～。

わたしは日サロに行ってるからね！

金の使いどころ・・・

ぼくは, そのお金の使い方が理解できない。

I don't understand the way you spend money.

☐ 160 **understand**
[ʌndərstǽnd]アンダスタンド

動 …を理解する, …がわかる

☐ 161 **way**
[wei]ウェイ

名 やり方, 方法；道；方向
熟 by the way 「ところで」

☐ 162 **spend**
[spend]スペンド

動 (金)を使う；(時間)を過ごす
活 spend-spent-spent
熟 spend+金+on+物・目的 「(金)を(物・目的)に使う」
　 spend+時間+-ing形 「(時間)を～して過ごす」

私, とってもかわいい でしょ?

I'm very cute, right?

☐ 163 **very**
[véri]ヴェリィ

副 とても, ひじょうに

☐ 164 **cute**
[kju:t]キュート

形 かわいらしい, かわいい

すごい自信～…!

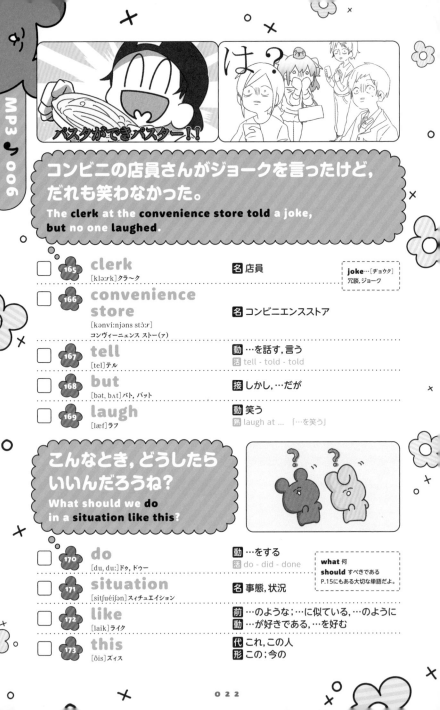

パスタができパスター!!

は?

コンビニの店員さんがジョークを言ったけど, だれも笑わなかった。

The **clerk** at the **convenience store told** a joke, **but no one laughed**.

☐ 165	**clerk** [kləːrk] クラ〜ク	名 店員
☐ 166	**convenience store** [kənvíːnjəns stɔ̀ːr] コンヴィーニェンス ストー(ァ)	名 コンビニエンスストア
☐ 167	**tell** [tel] テル	動 …を話す, 言う 活 tell - told - told
☐ 168	**but** [bət, bʌt] バト, バット	接 しかし, …だが
☐ 169	**laugh** [læf] ラフ	動 笑う 熟 laugh at ... 「…を笑う」

> **joke**…[ヂョウク] 冗談, ジョーク

こんなとき, どうしたらいいんだろうね?

What should we do in a situation like this?

☐ 170	**do** [du, duː] ドゥ, ドゥー	動 …をする 活 do - did - done
☐ 171	**situation** [sìtʃuéiʃən] スィチュエイション	名 事態, 状況
☐ 172	**like** [laik] ライク	前 …のような; …に似ている, …のように 動 …が好きである, …を好む
☐ 173	**this** [ðis] ズィス	代 これ, この人 形 この; 今の

> **what** 何 **should** すべきである P.15にもある大切な単語だよ。

イカち〜、本当にイカち〜

べちゃあ〜！ってなって！！

あなたは悪くないですよ

掃除しときますよ

店員さんはやさしくて、床をそうじしてくれたんだよ。

The clerk was kind and cleaned the floor.

- ☐ 174 **kind**
  [kaind] カインド
  形 親切な、やさしい
  名 種類

- ☐ 175 **and**
  [ənd] アンド
  接 〜と…；そして
  熟 and so on 「…など」

- ☐ 176 **clean**
  [kliːn] クリーン
  動 …をきれいにする、そうじする
  形 清潔な、きれいな

- ☐ 177 **floor**
  [flɔːr] フロー(ァ)
  名 床；階

惚れたね。

I fell in love.

惚れたね。

- ☐ 178 **fall**
  [fɔːl] フォール
  動 落ちる
  活 fall - fell - fallen
  名 秋

- ☐ 179 **love**
  [lʌv] ラヴ
  名 愛
  動 …を愛する

私の友達, 私の好きな映画を見てくれないんだけど!
My friends wouldn't **see** my **favorite movie**!

 □ 180 **see**
[siː] スィー

動 …を見る, …が見える;
(人)に会う
活 see - saw - seen

> **wouldn't ~**
> どうしても~しようとしない
> (would not の短縮形)

□ 181 **favorite**
[féiv(ə)rit] フェイヴ(ァ)リト

形 気に入っている, 大好きな

□ 182 **movie**
[múːvi] ムーヴィ

名 映画

見るっつったじゃん!!
You **said**, "I'll see it!!"

□ 183 **say**
[sei] セイ

動 …を言う; …と言う
活 say - said - said

 流行りの話をしたいんだよ!

「懐メロ」は夏の歌って意味じゃないんだよ。
Natsu-mero doesn't mean summer songs.

☐ 184 **mean**
[míːn]ミーン
動 …を意味する；…のつもりで言う，
…のことを言う

☐ 185 **summer**
[sʌ́mər]サマァ
名 夏

☐ 186 **song**
[sɔ(ː)ŋ]ソ(ー)ング
名 歌

WWW
LOL

☐ 187 **LOL**
[lɑːl]ラール
大爆笑
(Laughing Out Loud「大声をあげて笑う」の省略形)

LOLはテストにはあんまり出ないかもしれないけど, 海外の人とやりとりするときによく出てくるから入れてありま～す！（懐メロは「懐かしのメロディー」のことだよねぇ。）

今日は違って見えるね，
くまくん…。
You **look different** today,
Kuma-kun ....

ええ‥‥

☐ 188 **look**
[luk] ルック

動 《look+形容詞などで》…に見える，
…のようである；見る
熟 look at ... 「…を見る」
look for ... 「…をさがす」

☐ 189 **different**
[díf(ə)rənt] ディフ(ェ)レント

形 ちがった；いろいろな
熟 be different from ... 「…とちがっている」

た～まや～～～！！！

ただの火だよ。

あの花火きれいだね，くまくん！
——ただの火だよ。
Those fireworks are **beautiful**, Kuma-kun!
— They are **just fire**.

☐ 190 **those**
[ðouz] ゾウズ

代 あれら，あれ，あの人たち
形 あれらの；それらの

☐ 191 **firework**
[fáiərwə:rk] ファイアワーク

名 [ふつう複数形で] 花火

☐ 192 **beautiful**
[bjú:təfəl] ビューティフル

形 美しい，きれいな

☐ 193 **just**
[dʒʌst] ヂャスト

副 ちょうど，まさに；
ほんの…だけ，まだ…にすぎない

☐ 194 **fire**
[fáiər] ファイア

名 火；火事

ちょっとおひかえなさい

あなたには情緒ってもんがないんですかね？

白雪姫ちゃんが虹を
つくりだした。
Shirayukihime-chan created a rainbow.

白雪姫@りんご
くしゃみしたら、虹出た///

☐ 195 **create**
[kriéit] クリエイト
動 …を創造する, つくりだす

rainbow … [レインボウ] 虹

え、赤ずきんちゃんもやってんの？？

赤ずきんちゃんなり♡
新しいバイト、今、休憩中…

誰？！

マッチ売りの少女ちゃんは
「この写真の子だれ？」とたずねた。
She asked, "Who is the girl in this picture?"

☐ 196 **ask**
[ǽsk] アスク
動 …をたずねる；(人)に頼む
熟 ask＋人＋for＋物事　「(人)に(物事)を頼む, 求める」
　ask＋人＋to ...　「(人)に…してくださいと頼む」

☐ 197 **girl**
[gə́ːrl] ガ〜ル
名 女の子

☐ 198 **in**
[in] イン
前 (場所)の中に；(時)…に

☐ 199 **picture**
[píktʃər] ピクチァ
名 絵, 写真

who だれ
P.15にもある大切な単語だよ。

SNSの闇…

年越しそばって, たいてい大みそかに
食べるんだって!

**People usually eat *toshikoshi-soba*
on New Year's Eve!**

☐ 200	**people** [píːpl] ピープル	名 [複数あつかい]人々
☐ 201	**usually** [júːʒuəli] ユージュアリィ	副 ふつう(は), たいてい
☐ 202	**eat** [íːt] イート	動 …を食べる 活 eat - ate - eaten
☐ 203	**New Year's Eve** [n(j)úː jíərz íːv] ニュー イアズ イーヴ	名 大みそか

そば, 10分で食った。

I ate soba in 10 minutes.

☐ 204	**minute** [mínit] ミニット	名 (時間の)分 [ふつうaをつけて]ちょっとの間

年越してから食べるもんだと思ってたんだよねwww

1月1日.

地球上にいなかった～!!

元日の0時, ジャンプして地球上にいなかった～!!

At 12:00 a.m. on New Year's Day, we jumped and were not on the earth!!

☐ 205 **a.m.**
[èiém]エイエム
副 午前

☐ 206 **New Year's Day**
[n(j)ù: jíərz déi]ニュー イアズ デイ
名 元日(1月1日)

☐ 207 **jump**
[dʒʌmp]チャンプ
動 とぶ, ジャンプする

☐ 208 **not**
[nɑt]ナット
副 …でない, …しない

☐ 209 **earth**
[ə:rθ]ア～ス
名 《(the) earthまたは(the) Earthで》地球

おみくじの結果はよくも悪くもなく普通～。

The *omikuji* result was neither **good** nor **bad**.

吉

いや, 普通～

☐ 210 **result**
[rizʌ́lt]リザルト
名 結果

neither ～ nor ... …[ニーザァ ～ ナァ …]
～でも…でもない

☐ 211 **good**
[gud]グッド
形 よい；じょうずな
熟 be good at ... 「…がじょうずだ, …が得意だ」

☐ 212 **bad**
[bæd]バッド
形 悪い；へたな
活 bad - worse - worst

neither ～ nor ... は, じつは高校生で習う表現だから, まだ知らなくても大丈夫～。中学生で知ってたらすごいよ～。

ちょっとあんた大丈夫？？

あ…ああ…

りすくんが道で転ぶと, 女の子が助けてくれた。

Risu-kun stumbled on the **street**, and a girl **helped** him.

☐ 213 **street**
[stríːt] ストゥリート

名 通り, 道路

stumble…[スタンブル]
つまずく

☐ 214 **help**
[hélp] ヘルプ

動 …を手伝う, 助ける
熟 help+人+with ... 「(人)の…を手伝う」
help+人+(to+)... 「(人)が…するのを手伝う」
名 手伝い, 助け

好きなら言えばいいじゃん

言わなきゃ気持ちは伝わんないし

おおかみくん, 愛を語る。

Okami-kun **talks about** love.

☐ 215 **talk**
[tɔːk] トーク

動 話す
熟 talk about ... 「…について話す」
talk to / with ... 「…と話す」

☐ 216 **about**
[əbáut] アバウト

前 …について(の)
熟 How about ...? 「…はいかがですか;…しませんか」
副 およそ, 約…

好きなら好きって伝えないと～

りすくんは, 自分の気持ちをマッチ売りの少女ちゃんに伝えるべきだとわかった。
Risu-kun **found that** he should **share** his **feelings** with her.

準備オーケー？　よ～いスタートっ!!

- □ 217 **find**
  [faind] ファインド
  動 …を見つける；(…だ)とわかる
  活 find - found - found

- □ 218 **that**
  [ðət, ðæt] ザト, ザット
  接 …ということ
  代 あれ, あの人　形 あの；その

- □ 219 **share**
  [ʃeər] シェア
  動 …をともにする, (部屋など)をいっしょに使う；…を分ける

- □ 220 **feeling**
  [fíːliŋ] フィーリング
  名 [ふつう複数形で]感情, 気持ち

ちょっと大丈夫?!

りすくんはすんごい緊張して…, 死んだ…。
Risu-kun was very **nervous** ... and **died** ....

- □ 221 **nervous**
  [nə́ːrvəs] ナ～ヴァス
  形 緊張した；心配している

- □ 222 **die**
  [dai] ダイ
  動 (人・動物が)死ぬ, 亡くなる
  熟 die out 「絶滅する」

△☆=¥!＞♂×&◎#£

ふわぁ～～～～！！！

何言ってんだろ。

あんたの口中いっぱいだから，
何言ってるかわかんない。
Your mouth is full, so I can understand nothing.

☐ 223	**mouth** [mauθ]マウス	名 口
☐ 224	**full** [ful]フル	形 いっぱいの；満腹の 熟 be full of ... 「…でいっぱいである」
☐ 225	**so** [sou]ソウ	接 それで，だから 副 それほど，そんなに；すごく，とても；そのように 熟 and so on 「…など」 so ～ that ... 「とても～なので…」
☐ 226	**nothing** [nΛθiŋ]ナスィング	代 何も…ない

nothingの発音は[ナスィング]！ 間違えやすいみたいだから注意して
ね～!

夜中の3時くらいに

なんかイカツイラッパーといた

Pちゃんの知り合いは, Pちゃんの友達を ヤバいヤツだと思ってた。

Pchan's acquaintance **thought** of her friend as **a dangerous person**.

☐	**227** **think** [θíŋk] スィンク	**動** 思う, 考える	
		活 think - thought - thought	
		熟 think of ...「…のことを考える」	
☐	**228** **as** [əz, ǽz] アズ, アズ	**前** …として **接** …のように, …のとおりに	
		熟 as ~ as ...「…と同じくらい~」	
☐	**229** **dangerous** [déindʒ(ə)rəs] デインヂ(ャ)ラス	**形** 危険な, 危ない	**acquaintance** …[アクウェインタンス] 知人
☐	**230** **person** [pə́:rsn] パ〜スン	**名** (1人の)人, 個人	

多分, 服装が良くなかったね。 Tシャツしわくちゃだったし。

Maybe, her **clothes** were not good. Her **T-shirt** was wrinkled.

ティッシュみたいなTシャツでww

☐	**231** **maybe** [méibi] メイビィ	**副** もしかしたら, …かもしれない	**wrinkled** …[リンクルド] しわくちゃの
☐	**232** **clothes** [klouz] クロウズ	**名** [複数あつかい] 衣服, 着物	
☐	**233** **T-shirt** [tí:ʃə̀:rt] ティーシャ〜ト	**名** Tシャツ	

めちゃめちゃ優しい女の子の友達だよー!!

私, ユーチューバーになりたいの。
I want to be a YouTuber.

234 **want**
[wɑnt]ワント

動 …がほしい, …をほしがる
熟 want to ... 「…したい」
want＋人＋to ... 「(人)に…してもらいたい, してほしい」

YouTuber
…[ユーチューバァ]
ユーチューバー

あなたの企画は本当につまらないですね。
Your ideas are really boring.

235 **idea**
[aidí(:)ə]アイディ(ー)ア

名 考え, 思いつき, アイデア

boring…[ボーリング]
退屈させる, つまらない

236 **really**
[ríː(ə)li]リー(ア)リィ

副 本当に；とても

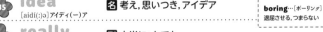

逆に友達がいいアイデアを言ったときは, That's a good idea!って言ってあげてね〜！

準備オーケー？ よ〜いスタートっ！！

お嬢様は，自分はテレビゲームができると信じていた。

She thought she could play video games.

- ☐ 237 **play**
  [pleɪ] プレイ
  動 (スポーツ・ゲーム)をする；
  (楽器・曲など)を演奏する；遊ぶ

- ☐ 238 **video game**
  [vídiou gèim] ヴィディオウ ゲイム
  名 テレビゲーム，ビデオゲーム

それが大勢の方におもしろいと思っていらっしゃるのですか？

Do you think it's funny for many people?

- ☐ 239 **funny**
  [fʌ́ni] ファニィ
  形 おかしい，おもしろい

- ☐ 240 **many**
  [méni] メニィ
  形 (数が)多くの，たくさんの
  活 many - more - most

何がウケるかわからないわね。

2日後, 彼女たちは悲しんでたのだった…。
Two days **later**, they **felt sad** ....

☐ 241	**later** [léitər] レイタァ	副 (時刻・時間が)あとで
☐ 242	**feel** [fi:l] フィール	動 《feel+形容詞または過去分詞で》(…と)感じる 活 feel - felt - felt
☐ 243	**sad** [sæd] サッド	形 悲しい

喜んでほしかっただけ なんだよ…。
I just **hoped** they would **be** **happy**....

☐ 244	**hope** [houp] ホウプ	動 …を望む, 願う 名 希望, 望み
☐ 245	**be** [bi, bi:] ビ, ビー	動 …である, (…に)ある, いる ●P.16のbe動詞の原形だよ。
☐ 246	**happy** [hǽpi] ハピィ	形 幸福な, 幸せな;楽しい

めぢゃめぢゃ可愛い子から

オタクっぽい男の子から

コンサートにたくさんの人が来てくれて, 僕はうれしかったよ!

I was happy that many people **came** to my **concert**.

- ☐ 247 **come**
[kʌm]カム
動 (話し手の方へ)来る;(話し相手の方へ)行く
変 come - came - come

- ☐ 248 **concert**
[kánsə(:)rt]カンサ(〜)ト
名 コンサート,演奏会

楽しいの?

Are you having **fun**?

お前絶対興味ないやろ

- ☐ 249 **fun**
[fʌn]ファン
名 楽しいこと

80%くらい自分が何言ってるか分かんなかった。

I didn't understand about 80 percent of the **things** I said.

8割くらい分かんなかった‥

- ☐ 250 **thing**
[θiŋ]スィング
名 物,事

percent…[パセント]
パーセント

準備オーケー? よ〜い スタートっ!!

捨て猫を拾ったわ

治療してちょうだい

うわぁぁぁぁぁぁぁ！！

捨て猫を拾ったの。助けてあげて。
I picked up a stray cat. Save it.

 pick [pik] ピック

動 …を選ぶ；つまみとる
熟 pick up ... 「…を拾い上げる、とりあげる」

> **stray**…[ストゥレイ] 道に迷った、はぐれた

 **up** [ʌp] アップ

副 上へ，上に；起きて；すっかり，完全に

 cat [kæt] キャット

名 猫

 save [seiv] セイヴ

動 …を救う；…をたくわえる；(時間・金など)を節約する

トラですよ！
なんでここにいるんですか？
It's a tiger! Why is it here?

どう見てもトラだる！！

 tiger [táigər] タイガァ

名 トラ

here [hiər] ヒア

副 ここに[で，へ]
熟 Here+be動詞 ... 「ここに…がある、いる」
Here you are. 「さあ、どうぞ。」

トラの名前じゃね？
It's the name of the tiger, isn't it?

首輪に猫って書いてあったの

☐ **257** **name**
[neim]ネイム

名 名前　**動** …と名づける
熟 name+人など+名前 「(人など)を…と名づける」

あれぇ?!

さらば, 執事（田中氏）。
Goodbye, Mr. Tanaka.

☐ **258** **goodbye**
[gu(d)bái]グ(ドゥ)バイ

間 さようなら

☐ **259** **Mr.**
[místər]ミスタァ

名 [男性の姓または姓名の前につけて]
…さん, …先生

トラは鈴音様のペット。
The tiger is Suzune's pet.

ありがとうございました

☐ **260** **pet**
[pet]ペット

名 ペット

 なにトラをペットにしてんですか！

準備オーケー？ よーいスタートっ!!

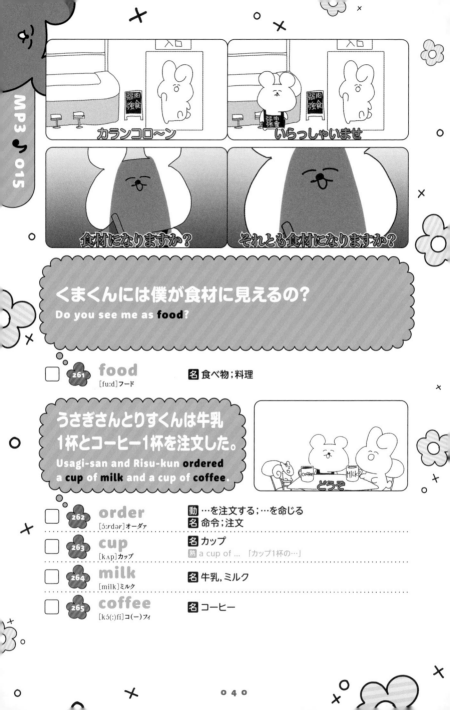

カランコロ～ン

いらっしゃいませ

食材になりますか？

それとも食材になりますか？

くまくんには僕が食材に見えるの？
Do you see me as **food**?

□ 261 **food**
[fu:d] フード
名 食べ物；料理

うさぎさんとりすくんは牛乳 1杯とコーヒー1杯を注文した。
Usagi-san and Risu-kun **ordered** a cup of milk and a cup of coffee.

□ 262 **order**
[ɔ́:rdər] オーダァ
動 …を注文する；…を命じる
名 命令；注文

□ 263 **cup**
[kʌp] カップ
名 カップ
熟 a cup of ... 「カップ1杯の…」

□ 264 **milk**
[milk] ミルク
名 牛乳, ミルク

□ 265 **coffee**
[kɔ́(:)fi] コ(ー)フィ
名 コーヒー

肉が食べたいな, うさぎとかりすとか。
I'd like some meat, like rabbit or squirrel.

☐ 266 **some**
[səm, sʌm] サム, サム
代 [肯定文で] いくつか, 数人
形 [ふつう肯定文で] いくつかの；一部の

☐ 267 **meat**
[míːt] ミート
名 肉, 食肉

☐ 268 **rabbit**
[rǽbit] ラビト
名 ウサギ

☐ 269 **squirrel**
[skwə́ːrəl] スクワ〜レル
名 リス

表に出ろ！
Come out!

☐ 270 **out**
[aut] アウト
副 外へ, 外に；不在で
熟 out of ... 「…から, …の外へ」

がんばります!!　練習中

リコーダーを手に入れました！
吹けるようになりたいと思います！

I got a recorder!
I want to learn how to play it!

271 get
[get] ゲット

動 …を手に入れる；
（ある場所に）着く；
《get+形容詞または
過去分詞で》(ある状態)になる

recorder…[リコーダァ]
リコーダー（縦笛の一種）

活 get - got - got / gotten
熟 get off 「(乗り物など)から降りる」
get on 「(乗り物など)に乗る」
get to … 「…に到着する」
get up 「起きる」

272 learn
[ləːrn] ラ〜ン

動 …を習う，覚える
熟 learn (how) to …
「…することを学ぶ，…できるようになる」

273 how to …
[hau tə] ハゥ トゥ

…のしかた

getはいろんな意味で使える超・便利な単語だよ〜。例文をまるっと覚えておくと便利なんだよね。たとえば，朝のルーティンは「I get up（起きる）at six and get on（乗る）a bus. I get to（着く）my school at 8:10.」とかね〜！

練習中　ああーはっwww

映画館で空(から)のカップを持って映画を見たんだ。
のどが渇(かわ)いたよ!

I was holding an **empty** cup while I watched a movie at the **theater**. I got **thirsty**!

- [ ] 274 **empty**
  [ém(p)ti] エン(プ)ティ — 形 空の

  > **while**
  > (〜する)間に
  > P.97にも出てくる単語だよ。

- [ ] 275 **theater**
  [θíətər] スィアタァ — 名 劇場;映画館

- [ ] 276 **thirsty**
  [θə́ːrsti] サ〜スティ — 形 のどの渇(かわ)いた

ジュースとか,
何か飲み物ほしいよぉ!

I'd like some **juice** or **something** to **drink**!

ふざけんなよ!

- [ ] 277 **juice**
  [dʒuːs] ヂュース — 名 ジュース

- [ ] 278 **something**
  [sʌ́mθiŋ] サムスィング — 代 何か,あるもの
  ●something to drink 「何か飲み物」

- [ ] 279 **drink**
  [driŋk] ドゥリンク — 動 …を飲む
  活 drink - drank - drunk
  名 飲み物

アイスは食べてたんですけどね。

コーヒーブラックで

じゃ、僕もコーヒー

ゴクゴク‥

カァーーーッ

ブラックコーヒーは苦すぎて飲めないよぉぉぉ。
The black coffee is **too bitter** to drink.

☐ 280 **too**
[tu:] トゥー
副 [形容詞や副詞の前に置いて]あまりにも…すぎる
熟 too ～ to … 「…するには～すぎる」

☐ 281 **bitter**
[bítər] ビタァ
形 (味が)苦い

お前も飲めんのかい。
You can't drink it, **either**.

苦ぁぁぁ！！！

☐ 282 **either**
[íːðər] イーザァ
副 [否定文で]…もまた(～ない)

飲みきるまで帰さねえかんな。

りすくんはときどき大人ぶろうとするよね。

Risu-kun sometimes tries to behave like an adult.

- ☐ **283** **sometimes**
  [sʌ́mtaimz] サムタイムズ
  副 ときどき, ときには

  > **behave**…[ビヘイヴ]
  > ふるまう

- ☐ **284** **try**
  [trai] トゥライ
  動 …を試みる, ためす
  熟 try+-ing形 「(ためしに)…してみる」
  　　 try on 「(服など)をためしに身につけてみる」
  　　 try to ... 「…しようと試みる」

- ☐ **285** **adult**
  [ədʌ́lt] アダルト
  名 大人, 成人

> ちなみに an adult の「an」は, 「1つの」という意味を表す「a」の形が変わった単語だよ〜。adultみたいにa,e,i,o,uの音から始まる単語の前には「an」がつくんだ〜。

お子さまはお子さまらしくしといたほうがいいと思うぜ?

Kids should be like kids, I think.

- ☐ **286** **kid**
  [kid] キッド
  名 子ども

> 「子ども」はchild (複数形はchildren) とも言うよ (P.189に出てくるよ)。あっ, て, でも, 僕は大人だけどねっ…!
> あと, ここでのlikeは「好き」って意味じゃなくて,「〜のように」って意味で使われてるよ。P.22のlikeをチェックしてみてね〜。

準備オーケー? よ〜い スタートっ!!

私の代わりに学校に行ってくれない？
水泳は苦手なのよ。
Please go to school for me. I'm not good at swimming.

☐ **287 go**
[gou] ゴウ

動 行く
活 go - went - gone
熟 be going to ...　「…するつもりだ，…する予定だ」
　 go+-ing形　「…しに行く」

☐ **288 school**
[skuːl] スクール

名 学校
熟 after school　「放課後」
　 at school　「学校で」

☐ **289 swim**
[swim] スウィム

動 泳ぐ
活 swim - swam - swum

無理ですね。
学校に入れません。
It's impossible. I won't be able to enter your school.

☐ **290 impossible**
[impásəbl] インパスィブル

形 不可能な，無理な

☐ **291 able**
[éibl] エイブル

形 《be able to＋動詞の原形で》
　 …することができる

☐ **292 enter**
[éntər] エンタァ

動 …に入る；…に入学する

すみれちゃん、どうしたの？？

冷蔵庫に挟まって全身骨折しちゃったの

冷蔵庫のドアにはさまってけがをしたの。水泳の授業には出られないわ。

I got injured by the **refrigerator door**. I can't **join** the swimming **class**.

□	293	**refrigerator** [rifrídʒəreitər] リフリヂェレイタァ	名 冷蔵庫(fridge ともいう)

get injured …[ゲット インヂャド] けがをする

□	294	**door** [dɔːr] ドー(ァ)	名 ドア, 戸
□	295	**join** [dʒɔin] ヂョイン	動 …に参加する
□	296	**class** [klæs] クラス	名 クラス, 学級；授業

だれか信じると思ってんの？

Do you think **anyone** will **believe** that?

いや、そんな事ある訳ないやん！！

| □ | 297 | **anyone** [éniwʌn] エニワン | 代 [肯定文で]だれでも [疑問文またはifの文で]だれか [否定文で]だれも(…ない) |
| □ | 298 | **believe** [bilíːv] ビリーヴ | 動 …を信じる |

will... …だろう P.15にもある大切な単語だよ。

クビよ

ダメだったじゃない。クビよ。

準備オーケー？ よ～いスタートっ！！

047

P丸様。は1人でカレーライスと クレープを食べた。

Pmarusama ate curry rice and a crepe alone.

☐ 299 **curry**
[kə́ːri] カ～リィ

名 カレー（料理）

crepe…[クレイプ]
クレープ

☐ 300 **rice**
[rais] ライス

名 米, ごはん

☐ 301 **alone**
[əlóun] アロウン

副 1人で

私はあんたがこわいよ。
I'm scared of you.

☐ 302 **scared**
[skeərd] スケアド

形 こわがった, おびえた
熟 be scared of … 「…をおそれる, …がこわい」

人がこわがっているときはscared, ものや人などが「こわい」というときはscaryを使うよ。You are scary. なら「きみ, こわいよ」。You are scared. なら「きみはこわがっている」なんだって～。

私たち, 日本語話してるよね？
We are speaking Japanese, aren't we?

☐ 303 **speak**
[spíːk] スピーク

動 話す
活 speak - spoke - spoken

どうもありがとう。
——どういたしまして。
Thank you very much.
— You're welcome.

☐ 304 **thank**
[θǽŋk] サンク

動 …に感謝する
熟 Thank you. 「ありがとう。」
No, thank you. 「いいえ、けっこうです。」
thanks to ... 「…のおかげで」

☐ 305 **much**
[mʌ́tʃ] マッチ

形 (量が)多くの, たくさんの
副 とても, たいへん
熟 How much ...? 「…はいくらですか？」

☐ 306 **welcome**
[wélkəm] ウェルカム

形 歓迎される
熟 Welcome to ... 「…へようこそ。」

ぼく!!!!!!!!

就職するぅぅぅぅ!!!

ぼく, 会社で働き始めるぅぅぅ!
I'll start to work at a companyyyyyy!

- [ ] **307** **start**
  [stɑːrt] スタート
  動 始まる；…を始める

- [ ] **308** **work**
  [wəːrk] ワ〜ク
  名 仕事；作品
  動 働く；(機械などが)動く

- [ ] **309** **company**
  [kʌ́mp(ə)ni] カンパニィ
  名 会社；仲間

りすくんも同じ会社に応募していた。
Risu-kun applied for the same company.

うるさい奴 ぬっころス

お静かに

就職するの〜〜〜???

- [ ] **310** **same**
  [seim] セイム
  形 [theをつけて]同じ
  熟 the same ... as 〜
  「〜と同じ(種類の)…」

apply…[アプライ] 応募する

がんばれ〜〜〜〜!!!
Do your best!!!

がんばれ

がんばれ〜〜〜

- [ ] **311** **best**
  [best] ベスト
  名 もっともよい人・もの
  熟 do my best 「全力をつくす」
  形 (good, wellの最上級)もっともよい
  副 (wellの最上級)もっともよく

がんばってねぇ

うるさいんだよ！！！！！

いつもぉ！！！！！

りすくんは, うさぎさんはいつも うるさすぎると思ってる。

Risu-kun thinks Usagi-san always makes too much noise.

☐ 312 **always**
[ɔ́:lweiz] オールウェイズ

副 いつも, つねに

noise…[ノイズ]
騒音

☐ 313 **make**
[meik] メイク

動 …をつくる；
（人・物）を…にする；（人など）に…させる
活 make - made - made

中の人の声がデカいからね。

ぼく, テスト 落ちちゃった…。

I couldn't pass the exam….

落ちちゃった…

☐ 314 **pass**
[pæs] パス

動 （試験など）に合格する；
…を通る, 通り過ぎる；…を手渡す

☐ 315 **exam**
[igzǽm] イグザム

名 試験, テスト

なんでオレ、うさぎなん？！？！？

もっとカッコイイ動物がよかった！！

くまとかおおかみとか！！！！

うさぎさんの弟は, くまとかおおかみみたいなかっこいい動物になりたいのだ。

Usagi-san's **younger** brother wants to be a **cool animal**, like a **bear** or a **wolf**.

☐ 316	**young** [jʌŋ]ヤング	形 年下の；若い, 幼い ●younger brother 「弟」	brother 兄・弟 はP.13にもある大切な単語だよ。
☐ 317	**cool** [ku:l]クール	形 すずしい；冷静な；かっこいい	
☐ 318	**animal** [ænəm(ə)l]アニマル	名 動物	
☐ 319	**bear** [beər]ベア	名 クマ	
☐ 320	**wolf** [wulf]ウルフ	名 オオカミ	

リスだっていいじゃんか。
Being a squirrel is **fine**, too.

シマリス☺ソト

☐ 321	**fine** [fain]ファイン	形 すばらしい；元気な；(天気が)晴れた

ちょっと待ってる感じかな。　結婚しよ？

赤ずきんちゃんは「結婚しよう」ばかり言ってる。

She always answers, "Let's get married."

☐	322	**answer** [ǽnsər]アンサァ	動 答える；(電話など)に答える, 出る 名 答え；返事
☐	323	**let's** [lets]レッツ	…しよう(じゃないか), しましょう
☐	324	**marry** [mǽri]マリィ	動 …と結婚する 熟 get married 「結婚する」

サイっ!! サイっ!!　なくってっ…

この子が物語のヒロインでいいのかな？ ——問題あるかしら？

Is this girl the right person for the story?
— Do you have a problem?

☐	325	**story** [stɔ́:ri]ストーリィ	名 物語, 話
☐	326	**have** [həv, hǽv]ハヴ, ハヴ	動 …を持っている；(兄弟姉妹など)がいる； …を食べる；(パーティー・会議など)を開く 活 have - had - had 熟 have to ... 「…しなければならない」
☐	327	**problem** [prɑ́bləm]プラブレム	名 問題 熟 No problem. 「いいですよ, だいじょうぶですよ」

すみれお嬢様は夜に眠れなかったので，
執事（田中氏）と遊びたかった。

Sumire couldn't **sleep** at **night**,
so she wanted to play with Mr. Tanaka.

 sleep
[sli:p] スリープ

名 眠り
動 眠る
活 sleep- slept - slept

night
[nait] ナイト

名 夜
熟 Good night. 「おやすみ。」

なんですぐにゲームを
終わらせようとするのよ？

Why are you trying to **finish**
this **game** **quickly**?

あんた本気でしなさいよ！！

finish
[finiʃ] フィニシ

動 …を終える，終わる
熟 finish+-ing形 「…し終わる」

game
[geim] ゲイム

名 ゲーム，遊び；試合

quickly
[kwíkli] クウィクリィ

副 速く，すばやく，すぐに

リンカーン

ングラ・ライ国際空港

ウゥン！！

ンゴロンゴロ保全地域！！

準備オーケー？ よ～い スタートっ！！

ングラ・ライ国際空港はインドネシア, ンゴロンゴロはタンザニアよ!

Ngurah Rai International Airport is in Indonesia, and Ngorongoro is in Tanzania!

☐ **333** **international**
[ìntərnǽʃ(ə)nəl]インタナシ(ョ)ナル

形 国際的な

> **Indonesia**…[インドニージァ]
> インドネシア
> **Tanzania**…[タンザニーア]
> タンザニア

☐ **334** **airport**
[éərpɔːrt]エアポート

名 空港

ルール知らないんですか?

Don't you know the rules?

「ん」ついたら終わりなんですよ！！

☐ **335** **know**
[nou]ノウ

動 …を知っている
活 know - knew - known

> **Don't you ~ ?**
> ～しないのですか？

☐ **336** **rule**
[ruːl]ルール

名 規則, ルール

ちゃんと相手しなさいよ!

まだ勝負は終わってない！！

055

私はこのゆるふわのヒロイン

こんなんがいいのか?

このアニメ, 大丈夫か?
Is this **anime** **OK**?

☐ 337 **anime**
[ǽnəmei] アニメイ

名 アニメ

☐ 338 **OK**
[òukéi] オウケイ

形 よろしい, だいじょうぶで
間 オーケー, いいよ, わかった
● okay とも書く

「ゆるふわ」はユニークな アニメだから, だいじょーぶ!
Yuru-fuwa is a **unique** anime, so **there** is no problem!

☐ 339 **unique**
[ju:ní:k] ユーニーク

形 独特の, 唯一の

☐ 340 **there**
[ðər, ðéər] ザァ, ゼア

副 そこに [へ, で]
熟 there+be動詞 ... 「…がある, いる」

そう言っときゃいいと 思うなよ。
Don't think **everything** is fine by saying that.

☐ 341 **everything**
[évriθiŋ] エヴリスィング

代 すべてのこと, すべてのもの

ゆるふわのヒロインって

マッチ売りの少女ちゃんでしょ!!

ゆるふわのヒロインは

私なのよ？

よ〜く考えてから, あなたの答えを教えてね。

Think well, and then give your answer to me.

☐ 342 **well**
[wel] ウェル
副 じゅうぶんに, よく；じょうずに
形 健康で 間 ところで；ええと

☐ 343 **then**
[ðen] ゼン
副 それから, その次に；そのとき, 当時

☐ 344 **give**
[giv] ギヴ
動 …を与える, あげる
活 give - gave - given
熟 give up 「(…を)あきらめる」

ヒロインはボクを 燃やそうとしないよ!

A heroine would never think of burning me!

こんな事せんやるが!!!

☐ 345 **burn**
[bəːrn] バ〜ン
動 …を燃やす；燃える

heroine…[ヘロウイン] ヒロイン
would never…
決して…しようとしない

 よ〜く考えてしゃべらなきゃね〜。

MP3 024

2人のミュージシャン間でのラップバトルをお聞きください。

Please listen to the rap battle between two musicians.

☐ 346	**please** [pli:z] プリーズ	副 どうぞ, お願いします	**rap**…[ラップ] ラップ **battle**…[バトゥル] 戦い
☐ 347	**listen** [lísn] リスン	動 (注意してよく) 聞く 熟 listen to ...「…を聞く」	
☐ 348	**between** [bitwíːn] ビトゥウィーン	前 (2つ) の間に 熟 between ~ and ...「~と…の間に」	
☐ 349	**musician** [mjuːzíʃən] ミューズィシャン	名 音楽家, ミュージシャン	

あの動画, 今でも見られないのよ…。
I'm still unable to watch the video….

☐ 350	**still** [stil] スティル	副 まだ, なお	**unable**…[アネイブル] …できない
☐ 351	**watch** [wɑtʃ] ワッチ	動 …を (じっと) 見る 名 腕時計	
☐ 352	**video** [vídiou] ヴィディオウ	名 動画, ビデオ, (音声に対して) 映像	

058

これはなんですか？

うんこか何かかしら？

すみれお嬢様は勉強が得意じゃない。
Sumire is not good at studying.

- ☐ **353** **study**
  [stʌ́di] スタディ
  動 (…を)勉強する
  名 勉強；研究

準備オーケー？ よ〜いスタートっ!!

完璧に全部分かりませんでした

執事はテストの問題が全然解けなかった。
He couldn't solve the questions on the test at all.

- ☐ **354** **solve**
  [sɑlv] サルヴ
  動 (問題・困難など)を解決する；
  (数学の問題など)を解く

- ☐ **355** **question**
  [kwéstʃən] クウェスチョン
  名 質問；問題

- ☐ **356** **test**
  [test] テスト
  名 テスト，試験

- ☐ **357** **all**
  [ɔːl] オール
  形 全部の，すべての
  代 全部，すべてのこと[もの，人々]
  熟 not ... at all [少しも…ない]

最初の時の僕と!!!

今の時の僕の声が

なんか違うんだってええええ

ぼくはいいとおもうけど…

うさぎさんはいつもいいと思うよ。
You're always nice, I think.

☐ 358 **nice**
[nais] ナイス

形 すてきな, よい

「いいね!」と思ったらNice!と言ってほめようね。ほめるときには, Amazing! Great! Wonderful!みたいな表現も使えると, Greatだよ〜!

耳の中に
何か入ってるの?
Is there something inside your ear?

うれち♡

☐ 359 **inside**
[insáid] インサイド

前 …の中に 副 内側に
名 内側

☐ 360 **ear**
[iər] イア

名 耳

寝れないよぉ～～～！

お兄ちゃんが！寝かしてあげ

お兄ちゃんが3びき

ブオオォオォオエエエ

おとうとくんはとつぜん具合が悪くなった。
He suddenly got sick.

ここからが本番だよ——!!

☐ 361 **suddenly**
[sʌ́dnli] サドゥンリィ
副 とつぜん, 急に

☐ 362 **sick**
[sik] スィック
形 病気の, 具合が悪い

たくさんのお兄ちゃんを想像してもうた…。
I imagined a lot of my brothers ….

☐ 363 **imagine**
[imǽdʒin] イマヂン
動 …を想像する

☐ 364 **lot**
[lɑt] ラット
名 (a lot of+名詞またはlots of+名詞で) たくさんの…
熟 a lot 「たくさん, いっぱい」

…かわいいのに…。

お菓子をくれないと

イタズラしますよ？？

うふふ！！

ヒャッホー！！

ハロウィンの日には「お菓子くれなきゃ いたずらするぞ」と言いますよね！
On Halloween, people say, "Trick or treat!"

☐ 365 **Halloween**　名 ハロウィン
[hæloui:n] ハロウイーン

> **treat**…[トゥリート]
> ごちそう

☐ 366 **trick**　名 いたずら；手品
[trik] トゥリック

でも, やりすぎは いけませんね。
However, that doesn't mean you should go too far.

ハロウィンねぇ～・・

☐ 367 **however**　副 しかしながら, けれども
[hauévər] ハウエヴァ

☐ 368 **far**　副 (場所・距離が)遠くに；
[fɑ:r] ファー　　(程度が)ずっと, はるかに

結構、私似合ってるじゃない

何ヤ@$JF#^$@#$・・

化け物ー！！

バキバキにキメなくても・・

ここからが本番だよ——！！

お嬢様の仮装がリアルすぎて，みんな怖がってました。

Her costume was too real, so everyone was scared.

☐ 369 **real**
[ríː(ə)l] リー(ア)ル

形 現実の；ほんとうの，本物の

> costume…[カスチューム]
> 衣装

☐ 370 **everyone**
[évriwʌn] エヴリワン

代 だれでも，みんな

執事さん（田中さん）もきっと気に入りますよ♡

I'm sure Mr. Tanaka will like it.

イタズラ・・しちゃうにゃん・・

☐ 371 **sure**
[ʃuər] シュア

形 確信して
熟 be sure (that) ... 「きっと…だと思う」
副 ［依頼・質問・お礼などの返事として］いいですよ，もちろん

何してるんすか？

赤ずきんちゃん？？

水着で浜辺を歩くときは

こうやって歩くのよ？？

いろんな人が見てるでしょ？？

ビーチの歩き方を見せてあげるわね。
I'll show you the way to walk on the beach.

☐ 372 **show**
[ʃou]ショウ
動 …を見せる；…を案内する
熟 show ... around 「…を案内してまわる」
名 (テレビ・ラジオの)番組，ショー，展示会

☐ 373 **walk**
[wɔːk]ウォーク
動 歩く；散歩する；(犬など)を散歩させる
名 散歩，歩くこと

☐ 374 **beach**
[biːtʃ]ビーチ
名 浜辺，ビーチ

「犬を散歩させる」はwalk a dogって言うよ～！ え？ 「リスを散歩させる」は何て言うのかって…？ ん～, walk a squirrel…かな…。

(いっしょに歩きたくねぇぇぇ…!)
(I don't want to walk together …!)

ちょっと離れて歩いてくれるかな？

☐ 375 **together**
[təɡéðər]トゥゲザァ
副 いっしょに

あれ持ってきた？？

持ってくるの忘れましたぁ〜!!

スイカ，家に忘れちゃいました〜…！
I left the watermelon at my house …!

- **376** **leave**
  [li:v] リーヴ
  動 …を去る，出発する；…を置き忘れる
  活 leave - left - left

- **377** **watermelon**
  [wɔ́:tərmelən] ウォータメロン
  名 スイカ

- **378** **house**
  [haus] ハウス
  名 家，住宅

バイトしませんか？？

いやあああああ!!

簡単だって聞いたのに！
I heard it was easy!

- **379** **hear**
  [hiər] ヒア
  動 …が聞こえる；(知らせなど)を耳にする
  活 hear - heard - heard
  熟 hear from ... 「…から連絡がある」
  hear of ... 「…のことを聞く，…のことを耳にする」

- **380** **easy**
  [íːzi] イーズィ
  形 簡単な，やさしい

七夕動画だと思った？？

七夕はね〜

もお、ネタが

ねぇだ！

七夕のネタは, ねぇだ!

I have no Star Festival topics to talk about.

☐ **381** **star**
[stɑːr] スター

名 星;
(映画・音楽・スポーツなどの)スター, 人気者

☐ **382** **festival**
[féstəvəl] フェスティヴァル

名 祭り
熟 the Star Festival 「七夕」

☐ **383** **topic**
[tápik] タピク

名 話題

すみません。そのまま お待ちください。

Excuse me. Hold on, please.

イケ□イム

ちょっとごめんなさい

☐ **384** **excuse**
[ikskjúːz] イクスキューズ

動 …を許す
熟 Excuse me. 「[知らない人に話しかけるとき]すみませんが, 失礼ですが」

☐ **385** **hold**
[hould] ホウルド

動 …を手に持つ;(電話)を切らずに待つ;
(会・パーティーなど)を開く, もよおす
活 hold - held - held
熟 hold on 「(電話を)切らないでおく」

めっちゃ驚いてるコメントが

 おもしろすぎて

みんなのコメント, いつもちゃんと読んで 楽しんでるよ!

I always read your comments carefully and enjoy them!

☐ 386 **read**
[ríːd] リード
動 …を読む
活 read - read - read

comment…[カメント]
(あることについての)感想, コメント

☐ 387 **carefully**
[kéərfəli] ケアフリィ
副 注意深く; ていねいに

☐ 388 **enjoy**
[indʒɔ́i] エンヂョイ
動 …を楽しむ
熟 enjoy+-ing形 「…することを楽しむ, …して楽しむ」

readの過去形と過去分詞形の発音は [レッド] だよ〜。同じつづりでも, もともとのリードとは発音が違うから気を付けてね〜。

どんなコメントに笑ってたかって? 怒られるから言えない!

What comment are you laughing at? I can't answer because I'll be scolded.

これ下ネタじゃない!

☐ 389 **because**
[bikɔ́(ː)z] ビコ(ー)ズ
接 …なので, …だから; なぜなら…だから
熟 because of ... 「…のために」

scold…[スコウルド]
…をしかる

becauseのあとには「主語＋動詞」を続けるよ。
because of のあとには「名詞」を続けるよ。I stayed home
because of the snow. (雪のために家にいたよ。) みたいにね。

ここからが本番だよ――!!

どんな子がタイプなの〜〜？？

背の高い人が好きかなぁ〜

うぉええ・・・

赤ずきんちゃんは背の高い男の人が好きだけど, そういうことじゃない。

Though Akazukin-chan likes tall men, that's not the point.

☐ **390 though**
[ðou] ゾウ
接 …だけれども

☐ **391 tall**
[tɔːl] トール
形 (背などが)高い

☐ **392 point**
[pɔint] ポイント
名 要点, 点, (スポーツ・成績などの)得点

どうやったら背が高くなるんだろ〜?

How can I grow tall?

☐ **393 grow**
[grou] グロウ
動 成長する; …を栽培する
活 grow - grew - grown
熟 grow+形容詞 「(ある状態に)なる」

お兄ちゃん, せいぜいがんばれ〜!

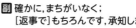

黒ギャルってかわいくない？

賛否両論。

その意見には賛否両論あると思うよぅ。

Some agree with your opinion, but others are against it.

ここからが本番だよ——!!

☐	394	**agree** [əgríː] アグリー	動 賛成する，同意する 熟 agree with ... 「…に賛成する，同意する」
☐	395	**opinion** [əpínjən] オピニョン	名 意見，考え
☐	396	**other** [ʌ́ðər] アザァ	代 ほかの物，ほかの人，他人 形 ほかの
☐	397	**against** [əgé(i)nst] アゲ(イ)ンスト	前 …に反対して；…に対抗して

もし相手の意見に賛成のときは，I agree. と言うといいよ～!
ぼ，ボクは黒ギャルはかわいいと思うな～!

絶対かわいいのに！

They certainly are cute!

☐	398	**certainly** [sə́ːrtnli] サ～トゥンリィ	副 確かに，まちがいなく；[返事で]もちろんです，承知しました

明日から1週間お休みを頂きます

私がいない間

代わりの者がきますので

これ、もし寂しくなったら‥

明日から1週間お休みをいただきます。
もし寂(さび)しければ, これをお使いください。

**From tomorrow, I'm going to take a week off.
If you miss me, use this.**

☐	399	**tomorrow** [təmɔ́ːrou]トゥモーロウ	名 明日　副 明日(は) 熟 the day after tomorrow 「あさって」
☐	400	**take** [teik]テイク	動 (人・動物)を連れていく；(物)を持っていく； (ある行動)をする；(時間など)がかかる； (乗り物)に乗る；(写真)をとる 活 take - took - taken
☐	401	**off** [ɔ(ː)f]オ(ー)フ	形 非番の, ひまな 副 はなれて；はずれて；切れて
☐	402	**if** [if]イフ	接 もし…ならば 熟 even if ... 「たとえ…だとしても」
☐	403	**miss** [mis]ミス	動 (人)がいなくて寂(さび)しい； (電車・バスなど)に乗り遅れる
☐	404	**use** (動)[juːz], (名)[juːs] (動)ユーズ, (名)ユース	動 …を使う, 利用する 名 使用, 利用

まさかアンタ, これ自分で作ったの?

072

紅茶入れてくれるかしら?

かしこまりました。

お紅茶でございます

メイドはフツーにお茶を出してきた。

The maid **serves tea** as usual.

| ☐ | **405** | **serve** [sə:rv] サ〜ヴ | 動 (食事)を出す |
| | **406** | **tea** [ti:] ティー | 名 茶, 紅茶 |

> **maid**…[メイド] メイド
> **usual**…[ユージュアル] ふつうの

JKは「女子高校生」の ことでございますよ。

JK means "**female high school student**."

JKっていいな〜

☐	**407**	**female** [fí:meil] フィーメイル	形 女性の 名 女性, 女
	408	**high school** [hái skù:l] ハイ スクール	名 高校, 高等学校
	409	**student** [st(j)ú:dnt] ステューデント	名 学生, 生徒

Chapter 02

ここからが本番だよ——!!

073

あんたたち, 半身浴知らないの?
Don't you know **half-body baths**?

☐ 410 **half**
[hǽf] ハフ
形 半分の　名 半分

> **half-body**…[ハフバディ]
> 半身の

☐ 411 **body**
[bάdi] バディ
名 体, 肉体

☐ 412 **bath**
[bǽθ] バス
名 ふろ, 入浴;浴室

温泉のお湯は, 体に いいのよ。
The **hot spring water** is good for our bodies.

半身浴だよ?

☐ 413 **hot**
[hɑt] ハット
形 (物が)熱い;(天気・気候が)暑い

☐ 414 **spring**
[spriŋ] スプリング
名 泉;春
熟 hot spring 「温泉」

☐ 415 **water**
[wɔ́ːtər] ウォータァ
名 水

074

※赤ずきんちゃんです

すっぴんなんで

すっぴんやばすぎぃ～

※白雪姫ちゃんです

え、まって‥

おふろの前と後とで別人になってますやん。

Before and after the bath, you are different people.

☐ 416 **before**
[bifɔ́ːr] ビフォー(ァ)

前 …の前に　接 …する前に
副 前に

☐ 417 **after**
[ǽftər] アフタァ

前 …のあとに, …の後ろに
接 …したあとで

私もおふろで化粧は洗い落としたよ。…ちょっと, 元気出してよ!

I washed off my makeup in the bath, too. ... Hey, cheer up!

女の子って大変だよねっ

☐ 418 **wash**
[waʃ] ワッシ

動 …を洗う

makeup…[メイカプ]
化粧

☐ 419 **hey**
[hei] ヘイ

間 [呼びかけとして]おい

☐ 420 **cheer**
[tʃíər] チア

動 元気づく；…を元気づける, はげます
熟 cheer up 「元気を出す」

お嬢様が料理を‥？

なんじゃこりゃ！！

料理に挑戦してみたの。
──お皿の上にごみを置いてはいけませんよ。
I tried cooking.
— You shouldn't put trash on the plate.

☐	421	**cook** [kuk] クック	動 (…を)料理する 名 コック, 料理人
☐	422	**put** [put] プット	動 …を置く, のせる；…を入れる 活 put - put - put 熟 put on 「(服)を着る；(テレビ・電気など)をつける」
☐	423	**trash** [træʃ] トゥラッシ	名 ごみ, くず
☐	424	**plate** [pleit] プレイト	名 皿

2つのちがいが
わかりません。
I can't tell the difference between those two.

どっちが食べたい？？

☐	425	**difference** [díf(ə)rəns] ディフ(ェ)レンス	名 ちがい, 相違

どっちも同じに見えます！！

確実に腹こわしますね。

お嬢様, それは卑怯です。
You're not being fair.

執事のために作ったのに…

☐ **426 fair**
[feər] フェア

形 公平な；妥当な

泣かないですね!!

執事?!

え一、重度の食中毒です!!

何食べたの、執事!?

お嬢様はこの悲しい事故を
自分が引き起こしたとは思っていない。
She doesn't think she caused this sad accident.

☐ **427 cause**
[kɔ:z] コーズ

動 …を引き起こす, …の原因になる
名 原因；理由

☐ **428 accident**
[æksəd(ə)nt] アクスィデント

名 事故

二度とキッチンに立たせませんよ…。

サンタさんだぁああああ!!!

うさぎさんはいい子だったから

なんでも願いのかなう

箱をあげよう～～

クリスマスの日, サンタさんはうさぎさんに箱をあげた。
On Christmas, Santa Claus gave a box to Usagi-san.

☐ **429 Christmas** [krísmas] クリスマス　　名 クリスマス

> **Santa Claus**…[サンタ クローズ] サンタクロース

☐ **430 box** [baks] バックス　　名 箱

宇宙から来た生き物でしょうか～～～?
Is this a creature from space?

☐ **431 space** [speis] スペイス　　名 宇宙；空間

> **creature**…[クリーチァ] 生き物

そもそも生き物なの?

078

お返しします。

ご遠慮なさらず。

受け取れません!
I can't receive this!

☐ **432** **receive**
[risíːv] リスィーヴ

動 …を受け取る

ふつうの友達がよかったの, いぬさんとか ぞうさんとか! でも, おおかみは好かん。
**I'd like ordinary friends, like dogs or elephants!
Still, I hate wolves.**

☐ **433** **dog**
[dɔ(ː)g] ド(ー)グ

名 犬

☐ **434** **elephant**
[éləfənt] エレファント

名 ゾウ

☐ **435** **hate**
[heit] ヘイト

動 …をにくむ, ひどくきらう

> **ordinary**…[óːrdinèri]
> ふつうの

おおかみくん…。hateは使い方次第ではかなりキツイ言い方になるか
ら, 使うときにはくれぐれも注意しようね〜。

いらっしゃいませ…

じゃあ！

めぬぅー

抹茶フラペチーノ～～～!!!

ふぁええ？！ここは居酒屋です。

申し訳ございません, メニューから注文してください。
I'm **sorry**, please order from the **menu**.

□ 436 **sorry**
[sári] サリィ
形 すまなく思って

□ 437 **menu**
[ménjuː] メニュー
名 メニュー

くまくんは今日ごみを出しました。
Kuma-kun took out the garbage today.

□ 438 **garbage**
[gáːrbidʒ] ガーベヂ
名 生ごみ

□ 439 **today**
[tədéi] トゥデイ
名 今日
副 今日（は）

くまくん, ひどいよぉ～。

出番が少なくて
退屈だよ。
**I have few appearances and
I'm bored.**

俺って全然出番ないよな〜〜

| | 440 | **few**
[fju:] フュー | 形 …はほとんどない；少しの… |
| | 441 | **bored**
[bɔːrd] ボード | 形 退屈な |

appearance
…[アピ(ア)ランス]
出現；出演；外見

人気がないからだヨ

ここからが本番だよ――‼

もしもっと人気が出たら出番を増やしてあげるヨ。
**If you become more popular,
I'll increase your appearances.**

	442	**become** [bikʌ́m] ビカム	動 …になる 活 become - became - become
	443	**more** [mɔːr] モー(ァ)	代 (muchの比較級)もっと多くのこと・物・人 副 もっと
	444	**popular** [pápjulər] パピュラァ	形 人気のある
	445	**increase** [inkríːs] インクリース	動 増える；…を増やす

more 〜 than...で「…よりもっと〜」という意味になるよ〜。
I'm more popular than Akazukin-chan.
ボクは赤ずきんちゃんよりも人気者〜。

記憶ほぼない…!!!

恥ずかしすぎて声が低いの〜!

初めてのレコーディング,声が低かったの〜! 記憶がほぼないの〜!

My voice was deep during my first recording!
I have almost no memory of it!

□	446	**voice** [vɔis] ヴォイス	名 (人の)声,音声;(鳥や自然界の)声,音;意見
□	447	**deep** [di:p] ディープ	形 (声が)低い;深い
□	448	**record** [rikɔ́:rd] リコード	動 (音楽など)を録音する;…を記録する
□	449	**almost** [ɔ́:lmoust] オールモウスト	副 ほとんど
□	450	**memory** [mém(ə)ri] メモリィ	名 記憶

殻を破ってからは,お仕事楽しいって思えるようになった!

After breaking out of my shell, I
began to get pleasure from my work.

殻を破りました!!

□	451	**break** [breik] ブレイク	動 …をこわす,割る 活 break - broke - broken	shell…[シェル] 殻
□	452	**begin** [biɡín] ビギン	動 始まる;…を始める 活 begin - began - begun	
□	453	**pleasure** [pléʒər] プレジャ	名 楽しみ	

みんなが喜んでくれたのが
嬉しかったでえええええええええええ

082

もぉ，本当にライブが

たーのーしーみー！！

イベントが楽しみで，みんなに会うのが 待ちきれないよ！

I'm looking forward to having my event, and I can't wait to meet you!

☐	454	**forward** [fɔ́:rwərd] フォーワド	副 前へ 熟 look forward to ... 「…を楽しみに待つ」
☐	455	**event** [ivént] イヴェント	名 行事，イベント；できごと
☐	456	**wait** [weit] ウェイト	動 待つ
☐	457	**meet** [mi:t] ミート	動 …に会う，…と待ち合わせる； 　…と知り合いになる 活 meet - met - met

頑張って準備を進めて おります！

I'm working hard on preparations for the event!

いろいろ頑張っております！！

☐	458	**hard** [hɑ:rd] ハード	副 一生けんめいに 形 かたい

> **preparation**…[プレパレイション]
準備，したく

eventはアクセントに注意〜！　2番目のeのところを強く言うって覚え ておいて〜。

ここからが本番だよ――！！

私は髪飾りを池に
落としました。
I dropped my hair ornament
into the pond.

私の髪飾りが・・・

□ 459 **drop**
[drap] ドゥラップ
動 (物)を落とす

□ 460 **hair**
[hear] ヘア
名 髪の毛

□ 461 **pond**
[pand] パンド
名 池

ornament…[オーナメント]
飾り

ちなみに, into [イントゥ] は「…の中へ, の中に」という意味の単語だよ〜。
P.217にも解説がのってるから, チェックしてみてね〜。

水面は私のかわいい顔
を映しました…。
The surface of the water
reflected my cute face....

今日も・・・私・・・かわいい・・・

□ 462 **face**
[feis] フェイス
名 顔

surface…[サ〜フェス] 表面;水面
reflect…[リフレクト]
(光・熱などを)反射する

あなたwwwがwww落としたのはwwww
ダメだ…笑っちゃう。

なぐっていい？

就職するの〜〜〜???

買いたかったなあ…

就職して, くまくんにプレゼントを買うつもりだったの。

I was planning to get a job and buy a present for Kuma-kun.

	463	**plan** [plǽn]プラン	名 計画　動 …を計画する 熟 plan to ...「…するつもりである」
	464	**job** [dʒɑb]ヂャブ	名 仕事
	465	**buy** [bai]バイ	動 …を買う 活 buy - bought - bought
	466	**present** [préznt]プレズント	名 贈り物, プレゼント

そういう大切な時間とお金は

自分のために使ってほしい。

ここからが本番だよ――――!!

時間とお金は, 自分のために使ってほしい。

Please use your time and money for yourself.

	467	**time** [taim]タイム	名 時間；時刻
	468	**yourself** [juərsélf]ユアセルフ	代 あなた自身 熟 by yourself「ひとりぼっちで；独力で」

B君は果物ナイフで髪を切って、髪がめちゃめちゃになりました。

B-kun cut his hair with a fruit knife and it became messy.

☐ 469 **cut**
[kʌt] カット
動 (刃物で)…を切る
活 cut - cut - cut
熟 cut off 「…を切りとる」

messy…[メスィ] 散らかっている

☐ 470 **fruit**
[fruːt] フルート
名 果物

☐ 471 **knife**
[naif] ナイフ
名 ナイフ

鏡ちゃんと見た？

Did you **check** in a **mirror**?

☐ 472 **check**
[tʃek] チェック
動 (…を)確認する

☐ 473 **mirror**
[mirər] ミラァ
名 鏡

見たよ、見たよ！！

電子レンジで見た

電子レンジ…

鏡の代わりに電子レンジを見たよ。 ──だからだよ！

I checked a microwave oven **instead** of a mirror. — That's the **reason**!

	474	**instead** [instéd] インステッド	副 (その)代わりに 熟 instead of ... 「…の代わりに」	**microwave oven** …[マイクロウェイヴ アヴン] 電子レンジ
	475	**reason** [ríːzn] リーズン	名 理由	

その日の夕方，B君は ヘアサロンへ行きました。

In the **evening** of that **day**, B-kun went to a beauty parlor.

美容院で切ってきたみたいな

	476	**evening** [íːvniŋ] イーヴニング	名 晩，夕方	**beauty parlor** …[ビューティ パーラァ] ヘアサロン
	477	**day** [dei] デイ	名 日	

…ここからが本番だよ〜！！

びっくりしたよ！

もう少しでおわっちゃったからね！！

ポイント〜！ eveningは夜寝るまでの時間，nightは日の出までの時間のことなんだよ〜。

自転車かっ飛ばしてたら、　パトカーにぶつかって

自転車で急いでいたら, パトカーに ぶつかりました。
When I hurried on my bike, I hit a police car.

☐ 478 **when**
[(h)wen] (フ)ウェン
接 …するとき, …すると

☐ 479 **hurry**
[hə́ːri] ハ〜リィ
動 急ぐ
熟 hurry up 「急ぐ」(おもに命令文で使う)

☐ 480 **bike**
[baik] バイク
名 自転車

☐ 481 **hit**
[hit] ヒット
動 …にぶつかる；…を打つ
活 hit - hit - hit

☐ 482 **car**
[kɑːr] カー
名 車

> police car…[ポリース カー]
> パトカー

警察の人は私を職場に連れて行ってくれました。
Police officers took me to my office.

パトカーで送ってもらったことある

☐ 483 **police officer**
[pəlíːs ɔ́(ː)fisər] ポリース オ(ー)フィサァ
名 警察官

☐ 484 **office**
[ɔ́(ː)fis] オ(ー)フィス
名 職場；事務所；会社

ベチャベチャのポップコーン

12月に遊園地に行ったら大雨だった。

We went to the **amusement park** in December, but we had **heavy rain**.

☐ 485 **amusement park**
[əmjúːzmənt pὰːrk] アミューズメント パーク
名 遊園地

☐ 486 **heavy**
[hévi] ヘヴィ
形 (雨・雪などが) 激しい；重い

☐ 487 **rain**
[rein] レイン
名 雨

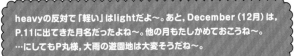

heavyの反対で「軽い」はlightだよ〜。あと, December (12月) は, P.11に出てきた月名だったよね〜。他の月もたしかめておこうね〜。
…にしてもP丸様, 大雨の遊園地は大変そうだね〜。

帰ろう。

Let's go **home**.

帰ろう

☐ 488 **home**
[houm] ホウム
副 家へ
名 家, わが家

すっと楽しみにしてたのに〜!

服着ないで寝て, ひどい風邪を引いちゃったよ。
I have a bad **cold** because I slept **without wearing** clothes.

☐	489	**cold** [kould] コウルド	名 風邪 形 寒い, 冷たい
☐	490	**without** [wiðáut] ウィズアウト	前 …なしに, なしで, …のない
☐	491	**wear** [wear] ウェア	動 …を着ている

新年早々, しんどいよー!
I fell sick right at the **beginning** of the **new year**!

☐	492	**beginning** [biɡíniŋ] ビギニング	名 初め, 始まり
☐	493	**new** [njuː, nuː] ニュー, ヌー	形 新しい
☐	494	**year** [jiər] イア	名 年, 1年(間)

健康体でいられますように

お金入れるところに「やってません」

※ダメです

やってもいいのでは?!

爆熱

爆熱しました

神社でお賽銭(さいせん)いれて,おみくじ引いたの。からの爆熱。

**I threw in a coin at a shrine and drew *omikuji*.
And then, I got a high fever.**

☐ 495	**throw** [θrou]スロウ	動 (物)を投げる 活 throw - threw - thrown
☐ 496	**coin** [kɔin]コイン	名 硬貨,コイン
☐ 497	**shrine** [ʃrain]シライン	名 (日本の)神社;神殿
☐ 498	**draw** [drɔ:]ドゥロー	動 (線)を引く;(絵・地図など)をかく; …を引く,引っぱる 活 draw - drew - drawn
☐ 499	**high** [hai]ハイ	形 高い 副 高く
☐ 500	**fever** [fi:vər]フィーヴァ	名 (病気の)高熱;熱病

おみくじ「やってません」って書いてあったのに無理やり
やったPちゃんが悪いんだけどね!!

このマスク, 私の顔を覆っちゃう。顔がちっちゃすぎるのかな?

This mask covers my face. Is my face too small?

☐	501	**cover** [kʌ́vər] カヴァ	動 …を覆う	
☐	502	**small** [smɔːl] スモール	形 小さい	

mask…[マスク]
マスク

あんた, 一日に何回も写真投稿してるわよね。

You post your photos several times a day.

☐	503	**photo** [fóutou] フォウトウ	名 写真
☐	504	**several** [sév(ə)rəl] セヴラル	形 いくつかの, 数人の

post…[ポウスト]
(ネット上に)書きこむ, 投稿する

今日は女子会でパンケーキを食べためう。
I ate pancakes at a girls' gathering today.

 505 gather [gǽðər] ギャザァ　動 …を集める, 集まる　**pancake**…[パンケイク] パンケーキ

うん、これ赤ずきんちゃんの裏垢だな

これ赤ずきんちゃんの裏垢だな。見て見ぬふりしよ。
This must be Akazukin-chan's secret account. I'll turn a blind eye.

506 secret [síːkrit] スィークレット　形 秘密の　**blind**…[ブラインド] 目の見えない

507 account [əkáunt] アカウント　名 《コンピューター》アカウント

508 turn [təːrn] ターン　動 …をまわす；(角など)を曲がる　熟 turn a blind eye 「目をそむける」

509 eye [ai] アイ　名 目

ゲームとかで「ぼくの番だよ」はIt's my turn. って言うよ〜。赤ずきんちゃんの裏垢…こわいな〜…。

ここで出てくる助動詞のmustは「…にちがいない」という意味だぞ。P.15にもある大切な単語だから, たしかめておくといいぞ。

筋トレ

公演に向けて, 歌の練習と筋トレを 毎日してるよ。

I practice singing and do strength training every day for the performance.

☐ 510	**practice** [prǽktis] プラクティス	動 (くり返して) …を練習する	**strength training** …[ストゥレング(ク)ス ストゥレイニング] 筋肉トレーニング
☐ 511	**sing** [síŋ] スィング	動 歌をうたう	
☐ 512	**every** [évri] エヴリィ	形 どの…もみんな, すべての…; 毎…	
☐ 513	**performance** [pərfɔ́ːrməns] パフォーマンス	名 公演, 上演; 演奏; 演技	

みんなに会う頃には めっちゃ強くなってるわ。

When I meet everyone, I'll be much stronger.

さあ、ライブだ！

☐ 514	**strong** [strɔ(ː)ŋ] ストゥロ(ー)ング	形 (力・体などが)強い

P丸様。はとても忙しい ので今日は出てこないわ。
Pmarusama is too busy to appear today.

- □ 515 **busy**
[bízi] ビズィ
形 忙しい；にぎやかな

- □ 516 **appear**
[əpíər] アピア
動 現れる，(テレビ・映画などに)出る；
…のように見える

今日はPちゃんに関する おもしろいウェブサイトを見せてあげるわ。
Today, I'll show you an interesting website about Pchan.

- □ 517 **interesting**
[ínt(ə)ristiŋ] インタレスティング
形 おもしろい, 楽しい, 興味深い

- □ 518 **website**
[wébsait] ウェブサイト
名 ウェブサイト

紹介しながら笑っちゃう。

「おもしろい」を表す単語はいくつかあるんだよ〜。興味深いときには interesting, 何かをやって楽しいときにはfun, 愉快なものや人には funnyを使うよ〜。

Chapter 02

ここからが本番だよ──!!

ゆるふわアニメ化がいいです！

カットされましたね

将来の夢についてのインタビューでさけんだら，カットされましたね。

When I shouted out about my future dream during the interview, it was cut off.

- [ ] 519 **future**
[fjúːtʃər] フューチァ
名 将来，未来

> shout…[シャウト]
> さけぶ

- [ ] 520 **dream**
[driːm] ドゥリーム
名 (心にえがく)夢，(眠っているときに見る)夢

- [ ] 521 **interview**
[íntərvjuː] インタヴュー
名 (有名人への)インタビュー，(会社・学校などの)面接

「将来は」はin the future，「昔は」はin the pastって言うよ〜。
I want to be a singer in the future.（将来は歌手になりたい）
とかね〜！

duringは「…の間」という意味の前置詞。これも大切な単語でP.216にものってるから，チェックしておくといいぞ。

僕の魂のさけびが全部カットされた…。

My soulful cry was cut off ….

え
全部カットされた

- [ ] 522 **cry**
[krai] クライ
名 さけび(声)；泣き声
動 泣く，さけぶ

> soulful…[ソウルフル]
> 魂のこもった

  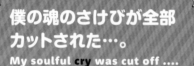

インフルA型陽性！！

お医者さんと僕は, 夏にインフルエンザにかかったことにびっくりしたよ。

The doctor and I were surprised that I caught the flu in the summer.

 523 **doctor**
[dάktər] ダクタァ
名 医者, 医師

524 **surprised**
[sərpráizd] サプライズド
形 おどろいた, びっくりした

> **flu**…[フルー]
> [しばしばtheをつけて]
> インフルエンザ

525 **catch**
[kætʃ] キャッチ
動 (病気)にかかる；
(人・動物など)をつかまえる
活 catch- caught - caught

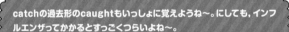

catchの過去形のcaughtもいっしょに覚えようね〜。にしても, インフルエンザってかかるとすっごくつらいよね〜。

久々に見た！

I saw this for the first time in a while.

うわ、めっちゃ久々に見た

526 **while**
[(h)wail] (フ)ワイル
名 [ふつうaをつけて] (少しの)時間,
(しばらくの)間
接 (〜する)間に

仕事休んだの仮病だと思われてたらどうしよう〜！

タピオカミルクティーは今はもう流行ってないよ。
Tapioca milk tea is not popular **now**.

もうタピオカは流行ってないよ？

☐ 527 **now**
[nau]ナウ

副 今,今は

tapioca…[タピオカ] タピオカ

さっすが赤ずきんちゃん!!

教えてもらうことにしましょう!

今は何が流行ってるんですか??

今はイガグリが流行ってるんだよ

赤ずきんちゃんに, 最近の流行りについて聞いてみましょう!
Let's ask Akazukin-chan about recent **trends**.

☐ 528 **trend**
[trend]トゥレンド

名 流行

recent…[リースント] 最近の

…何言ってるのかな?

おなかすいたから

ちょっとファミレスに〜

おなかがすいたなぁ。ファミレスでランチしよ。

I'm hungry. I'll eat lunch at a family restaurant.

- [ ] **529 hungry**
  [hʌ́ŋgri] ハングリィ
  形 空腹の, おなかがすいた

- [ ] **530 lunch**
  [lʌ́ntʃ] ランチ
  名 昼食；弁当

- [ ] **531 restaurant**
  [réstərənt] レストラント
  名 レストラン, 料理店, 食堂

hungryの逆に,「お腹がいっぱい」って言いたいときはI'm stuffed.
やI'm full. って言うんだよ〜。

くまくんに会えてうれしい!

I'm glad to see Kuma-kun!

ここで働いているの？！

- [ ] **532 glad**
  [glǽd] グラッド
  形 うれしい

ここからが本番だよ——!!

食材さん, いらっしゃい。

鈴音様がステージで
踊って歌ってる。

Suzune is dancing and singing on the stage.

☐ 533 **dance**
[dæns] ダンス

動 踊る, ダンスをする

☐ 534 **stage**
[steidʒ] ステイヂ

名 舞台, ステージ

公園でミュージカル開催すな。

Don't hold a musical in a park.

☐ 535 **musical**
[mjúːzikəl] ミューズィカル

名 ミュージカル

☐ 536 **park**
[pɑːrk] パーク

名 公園

あの2組の金政どう思う？？

勉強も全然らしいぜ？？

す‥鈴‥鈴音ちゃん？！

もう、終わりにするの

ここからが本番だよ――‼

クラスの子たちが金政くんの悪口を言うから, 私, がまんできなかったの。

Many classmates said bad things about Kanemasa-kun, so I couldn't stand it.

☐ **537** **classmate**
[klǽsmeit] クラスメイト

名 クラスメート, 同級生

☐ **538** **stand**
[stǽnd] スタンド

動 …をがまんする；立つ

彼を守る一番いい方法を思いついたわ!

I've just thought of the greatest solution to save him!

クラスメイト穴に落としたらしいぜ？！

☐ **539** **great**
[greit] グレイト

形 すごい, すてきな, すばらしい

☐ **540** **solution**
[səlúːʃən] ソリューション

名 (問題などの)解決(法)

MP3♪045

Q.
赤ずきんちゃん
最初の頃と印象違う
怖い

人の悪いところだけ指摘して

悪いところだけじゃなくていいところも送ってほしいわね。
Please send messages about not only bad things but also good things.

☐ 541	**send** [send]センド	動	…を送る, 届ける
☐ 542	**message** [mésidʒ]メセヂ	名	伝言, 用件, メッセージ
☐ 543	**only** [óunli]オウンリィ	副	ただ…だけ, …しかない, ほんの…
☐ 544	**also** [ɔ́:lsou]オールソウ	副 …もまた　接 その上, さらに 熟 not only ~ but (also) ... 「~だけでなく…も」	

今晩のおかずになりたいのかしら?
Would you like to be tonight's dish?

☐ 545	**tonight** [tənáit]トゥナイト	名	今夜
☐ 546	**dish** [diʃ]ディッシ	名	一皿の料理 ;(一般に)料理

ゆるふわ～

道でかわいいもの見つけるのがだ〜いすき!

I like to find pretty things on the road very much.

赤ずきんちゃん
かわいいものがだぁ〜〜いすき!

- [ ] **547** **pretty**
  [príti] プリティ
  形 かわいらしい, きれいな

- [ ] **548** **road**
  [roud] ロウド
  名 道路, 道

prettyには「かなり」や「とても」って意味もあるよ〜。Kuma-kun is pretty cool.（くまくんはとてもかっこいい。）とかね〜。

赤ずきんちゃん
とってもかわいい〜〜
（なんやこれキモ）

セリフと心逆〜〜〜!!!

赤ずきんちゃん
とってもかわいい〜〜
（なんやこれキモ）

セリフと心, 逆〜!

Your words and your heart are reversed!

- [ ] **549** **word**
  [wə:rd] ワード
  名 語, 単語；ことば

  > **reverse**…[リヴァ〜ス]
  > …を逆にする

- [ ] **550** **heart**
  [hɑ:rt] ハート
  名 心

どした〜〜??
赤ずきんちゃん, 病んでるの〜…??

103

男の人の霊が取り憑いてる

3年前は脳内お花畑の人な見えないっって言われたのに…

きえぇぇぇぇぇぇぇ！！

無の男の人がいるんだって

広げたらあたるぐらいの位置

さわれるぐらい近くに幽霊がいるよ。
A ghost is **close enough to touch**.

☐ 551	**close** [klous] クロウス	形 すぐ近くの 副 (位置が)すぐ近くに	*ghost*…[ゴウスト] 幽霊, お化け
☐ 552	**enough** [ináf] イナフ	副 [動詞・形容詞・副詞の 後ろに置いて] じゅうぶん(に) 形 じゅうぶんな 熟 enough ~ to ... 「…するのにじゅうぶんな~」	*enough to ...* …するのに必要なだけ
☐ 553	**touch** [tʌtʃ] タッチ	動 (手・指で)…にさわる, ふれる	

トイレでもお風呂でも見られてるってことだよ!!
He looks at me in the **restroom** and the **bathroom**!!

こうゆうことだよね？

☐ 554	**restroom** [réstru(:)m] レストゥル(ー)ム	名 トイレ
☐ 555	**bathroom** [bǽθru(:)m] バスル(ー)ム	名 浴室

やっほー／やっほー

会っちゃった。

霊が見える友達に

怖いから

怖

この人幽霊見えるんだっけなぁ?

Pちゃんついてる??って

恐る恐る，「近くに霊いる?」って聞いた。
I asked her in **horror**, "Is there a ghost **nearby**?"

☐ 556 **horror**
[hɔ́(:)rər] ホ(ー)ラァ
名 恐怖；おそろしいこと

☐ 557 **nearby**
[níərbai] ニアバイ
副 すぐ近くに，近所に
形 すぐ近くの，近所の

女の霊が憑いてて，
肩に寄りかかってるよ。
A female ghost is **sticking** to you
and leaning on your **shoulder**.

体に寄りかかってる!!

☐ 558 **stick**
[stik] スティック
動 くっつく
名 棒切れ，棒

lean…[リーン]
寄りかかる

☐ 559 **shoulder**
[ʃóuldər] ショウルダァ
名 肩

食べる〜〜？？

どうやって作ったの？？

りすくん, ソフトクリームどう?

Risu-kun, would you like some soft ice cream?

☐ 560 **soft**
[sɔ(:)ft]ソ(ー)フト

形 やわらかい

☐ 561 **ice cream**
[áis kri:m]アイス クリーム

名 アイスクリーム

Would you like 〜? は何かをすすめるときに使える便利な表現だね〜。うさぎさん, ソフトクリームくれるなんて, やけに優しいな〜??

こうやって!

こう!

ぼく, ソフトクリーム工場だよ〜。

I'm a soft ice cream factory.

☐ 562 **factory**
[fǽkt(ə)ri]ファクト(ゥ)リィ

名 工場

ドロボーだぁ～～っ!!!

待ちやがれぇ!!

あのネコが魚持って行くの許すな!
Don't allow that cat to take away a fish!

	563	**allow** [əláu] アラウ	動 …を許す	**allow ~ to …** ~に…するのを許す
	564	**away** [əwéi] アウェイ	副 あちらへ, はなれて	
	565	**fish** [fiʃ] フィッシ	名 魚	

ひん剝いて干物にしてやるぜ

ディヒャヒャヒャヒャ

もっと陽気に笑えないの?
Can't you give a more cheerful laugh?

	566	**cheerful** [tʃíərfəl] チアフル	形 (人が)明るい, 元気のいい

サイっ!! サイっ!!

うさぎさん, ヤバすぎるよ～…!

ラジオ体操を真面目に やらないやつっているよね。

Some students don't do radio exercises seriously, do they?

ラジオ体操真面目にやらないやつって

□ 567 **radio**
[réidiou] レイディオウ

名 ラジオ

□ 568 **exercise**
[éksərsaiz] エクササイズ

名 運動;体操
動 運動をする

> **seriously**…[スィ(ア)リアスリィ]
> まじめに;重大に

僕は、体育はサボる 勇気はないが!

嫌いなんですよ、僕は!

しっかりと真剣に

うんちょこびー

授業をサボる勇気がないなら、 ちゃんと体操しろ!

If you don't have the courage to skip class, do the exercises seriously!

□ 569 **courage**
[kə́:ridʒ] カ〜レヂ

名 勇気

□ 570 **skip**
[skip] スキップ

動 (授業など)をサボる;…を(軽く)とびこす

腕のところが

噛み跡みたいなのが付いてて

腕に歯型みたいな跡があんじゃん！

There are teeth marks on my arm!

- 571 **tooth** [tu:θ]トゥース 名 歯 複 teeth
- 572 **mark** [mɑːrk]マーク 名 跡；印；記号
- 573 **arm** [ɑːrm]アーム 名 腕

兄弟喧嘩した時にさ

歯で攻撃した人いる？？

ここからが本番だよーー！！

きょうだいをかんで攻撃したことある？

Have you ever attacked your brothers or sisters by biting them?

- 574 **ever** [évər]エヴァ 副 [疑問文・否定文で]いままでに

  bite…[バイト] …をかむ

- 575 **attack** [ətǽk]アタック 動 …を攻撃する，襲う

んむ～～～～～～～～

こうなったら、あれしかないですね

電話します。

許嫁様のお電話番号を

こうなったら, 最後の切り札を使いましょう。
If it comes to this, I'll play my last trump card.

□ 576 **last**
[læst] ラスト

形 (順序・時間が)最後の, 最終の; この前の, 先…, 昨…

trump…[トゥランプ]
切り札

□ 577 **card**
[kɑːrd] カード

名 カード; (トランプなどのゲームの)札

lastは「最後の」って意味だけじゃなくて「この前の」って意味もあるんだよね～。last Sundayで「この前の日曜日」, last weekで「先週」, last monthで「先月」, last yearで「昨年」だよ～。セットで覚えておくといいよ～。

鈴音ちゃんは野宿とかしてそうで心配してたんです。
I was worried that Suzune would camp out.

あの子なら、山で野宿とかしそうで

□ 578 **worry**
[wə́ːri] ワ～リィ

動 心配する; …を心配させる
名 心配(事), 不安

□ 579 **camp**
[kæmp] キャンプ

動 キャンプをする

>

**僕は彼女の行動に
口出ししません。**
I don't interfere with her
actions.

鈴音ちゃんのやりたいように

result>

☐ **action**
[ǽkʃən] アクション

名 行動

interfere…[インタフィア] 口出しする；じゃまする

頭も良くて、勉強もできて

同じ意味やん。

ter>

誰と間違えておられますか？

さすが、猫被りかすごいお姉様ね・・

ter>

**私は鈴音様のそんなところは見たことがござい
ません。誰と間違えておられますか？**
I've never seen that **side** of Suzune.
Who are you **mistaking** her for?

☐ **side**
[sáid] サイド

名（表裏・内外の）面；
（左右・前後の）側

☐ **mistake**
[mistéik] ミステイク

動 …を誤解する、取りちがえる
熟 mistake ~ for ...「～を…とまちがえる」

me>

ちなみに、テストとかゲームとかで「ミスをする」はmake a mistakeっ
ていうんだよ～。

ter>

>Chapter 02
>

ここからが本番だよ──!!

>111
>

またアイドルのライブに行くの？

戦争なんですよぉ？！

執事ロボ

ウゥーン・ウゥーン・

すごい信用ならないんだけど

私は明日，戦争に向かいますので，
このロボットがお嬢様にお仕え（つか）します。
I'm going to go to **war** tomorrow,
so this **robot** will work for you.

 583 **war**
[wɔːr] ウォー(ァ)　名 戦争；争い

584 **robot**
[róubɑt] ロウバト　名 ロボット

このロボット，役に立た
なそうなんだけど‼
This robot doesn't **seem**
useful‼

いやぁぁぁぁぁぁ

585 **seem**
[siːm] スィーム　動 …のように思われる，…のようだ

586 **useful**
[júːsfəl] ユースフル　形 役に立つ

　執事ロボ，仕事雑すぎ‼‼

なんか紅茶被って爆発しちゃったのよ

愛してるぜ、ベイベー！

すぐに別のロボ作って送るね♡
I'll produce another robot and send it to you soon.

☐ 587 **produce**
[prədjúːs]プロデュース
動 …を生産する

☐ 588 **another**
[ənʌ́ðər]アナザァ
形 もう1つの，もう1人の；別の
代 別のもの；別の人
熟 one after another 「次々に」

☐ 589 **soon**
[suːn]スーン
副 まもなく，もうすぐ
熟 as soon as ... 「…するとすぐに」

私ったら、なんてすばらしい ロボットを作っちゃったのかしら！
What a wonderful robot I built!

愛の言葉をささやく執事だよ！！

☐ 590 **wonderful**
[wʌ́ndərfəl]ワンダフル
形 すばらしい，すてきな

☐ 591 **build**
[bild]ビルド
動 （家など）を建てる；
（橋・船・道路など）をつくる
活 build - built - built

What a ～ ！は「なんという～でしょう」という感嘆文だよ～。うしろに
続く主語＋動詞（ここでは「I built」）は省略されることもあるよ。この
主語と動詞が続く文法は，実は中学生よりもせのびした，大人の解説で
す～。中学生のみんなは高校生になったら覚えようね～。

おとちょっと！おとちょっと！一緒にがんばろ――！！

執事ロボです

アーーヒーーーッ！！

執事はあんな事しない！

お紅茶でございます

**3台目はマシに見えたが, もちろん
そんなことはなかった。**
The third one seemed **better**, but of **course**,
it wasn't.

 592 **better**
[bétər]ベタァ
形 (good, wellの比較級)よりよい

 593 **course**
[kɔːrs]コース
名 (学校の)課程, 科目；進路
熟 of course 「もちろん, 当然」

**なんで足でカップ持って
るんだよ？**
Why are you holding the cup
with your **foot**?

594 **foot**
[fut]フット
名 足
熟 on foot 「徒歩で」

 ひっぱたくわよ。
——もうたたいています, お嬢様。

大丈夫ですか?!

えーーーーーっ?!

え???

いやあああああああ!!!

扇風機がありまして, 風を送って強風を作ることができるんですよ。

I have a **fan**, and I can blow **air** and create strong **winds**.

☐	595	**fan** [fæn]ファン	名 扇風機;うちわ;ファン
☐	596	**air** [eər]エア	名 空気;大気
☐	597	**wind** [wind]ウィンド	名 風

blow…[ブロウ] (風を)吹かせる

あっためてあげる〜。

I'll **warm** you up.

あったかくなれ〜

| ☐ | 598 | **warm** [wɔːrm]ウォーム | 動 …を暖める, 温める
形 暖かい, (心の)温かい |

いや, そうゆうのいいから!!!!

117

コノ執事ロボ録音機能アルヨ

（何かあったら連絡ください）

天使ちゃん？！

伝言の余計な部分から, お嬢様は
執事が楽しんでいることに気づいてしまった。

**From the extra parts of the message, she noticed
he is having a good time.**

☐ 599 **part**
[pɑ:rt] パート

名 部分, 一部；役目
熟 take part in ...　「…に参加する」

extra …[エクストゥラ]
余った, 余分の

☐ 600 **notice**
[nóutis] ノウティス

動 …に気がつく　名 掲示

1日くらい, きっと乗り
越えられるわ。

**I'm sure I'll be able to get
through just one day.**

今日くらいは何とか乗りきる！！

☐ 601 **through**
[θru:] スルー

副 通りぬけて；すっかり
熟 go through　「通りぬける」
　　get through　「乗り越える」

気をつかわせても悪いしね。

118

録音シタ

（いつも頑張ってくれてるしね）

（今日くらいは何とか乗り切る!!）

4台目のロボはいらない情報を入手したせいで，ぶっ壊された。

The fourth robot got unnecessary **information**, so it was **destroyed**.

- [ ] 602 **information**
  [ìnfərméiʃən] インフォメイション
  名 情報；案内；(駅・ホテルなどの) 案内所

  > unnecessary …[アンネセセリィ] 必要のない

- [ ] 603 **destroy**
  [distrɔ́i] ディストゥロイ
  動 …を破壊する，こわす

お嬢様にお洗濯は難しかった。服の山を作っちゃった…。

It was **difficult** for her to wash clothes. She built up a **mountain** of clothes....

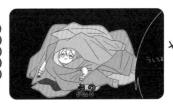

- [ ] 604 **difficult**
  [dífikəlt] ディフィカルト
  形 難しい

- [ ] 605 **mountain**
  [máunt(ə)n] マウンテン
  名 山

お帰りなさい。
明日からしっかり働いてね。

夏休みの宿題終わらないよぉぉ〜!!
I can't finish my summer vacation homework!!

☐ 606 **vacation**
[veikéiʃən] ヴェイケイション 　　名 休暇, 休日, 休み

☐ 607 **homework**
[hóumwə:rk] ホウムワ〜ク 　　名 宿題

りすくん、うつさせてぇ〜!!　　だめ!!

4ね!、どんぐり!　　ふっ飛ばすぞ!

休みの間に計画的に しなきゃいけなかったのに!!
You had to do it during the holidays systematically!!

☐ 608 **holiday**
[hálədei] ハリデイ 　　名 休日, 祝日；休暇

systematically
…[スィステマティカリィ]
計画的に

ゆるふわ学園の設定だけじゃなくて, ほんとに学校行ってたのね〜。

もちついて

うわぁー!!

まあまあ、2人とも。仲良く平和に。
Okay, both of you. Let's find a peaceful solution.

☐ 609 **peaceful**
[píːsfəl]ピースフル

形 平和な；静かな、おだやかな

絵日記の書き方が

分からないよぉー!!

たとえば天気とか旅行とかテレビ番組とか、どんな話題でもいいんだよ!
Any topic is OK, for example, the weather, travel, or TV programs!

☐ 610 **example**
[igzǽmpl]イグザンプル

名 例
熟 for example 「たとえば」

☐ 611 **weather**
[wéðər]ウェザァ

名 天気、天候

☐ 612 **travel**
[trǽv(ə)l]トゥラヴ(ェ)ル

名 旅行 動 (…を)旅行する

☐ 613 **TV**
[tìːvíː]ティーヴィー

名 テレビ
熟 on TV 「テレビで」

☐ 614 **program**
[próugræm]プロウグラム

名 (テレビ・ラジオの)番組；計画

お客様は敬(うやま)わなければねぇ?
You should respect customers, shouldn't you?

□ 615 **respect**
[rispékt] リスペクト

動 …を尊敬する 名 尊敬

□ 616 **customer**
[kΛstəmər] カスタマァ

名 客

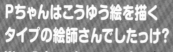

Pちゃんはこうゆう絵を描くタイプの絵師さんでしたっけ?
Was Pchan the type of artist who drew this kind of style?

□ 617 **type**
[taip] タイプ

名 型, タイプ, 種類

> **style**…[スタイル]
> 様式, スタイル

□ 618 **artist**
[á:rtist] アーティスト

名 画家; 芸術家

「ゆるふわ〜」とは???

あの2人とよく遊べるね‥

疲れないの？

ああ、いや全然!!!

すっごく面白いですよ？？

あの2人といて疲れない?
——いや全然。すっごくおもしろいですよ。

Aren't you **tired** of being with them?
— No, not at all. It's very **exciting**.

☐ 619 **tired**
[táiərd] タイアド
形 疲れた

☐ 620 **exciting**
[iksáitiŋ] イクサイティング
形 (物事が) わくわくさせる, 興奮させる

なんて清らかな心を持っているんだ! 君はすごいよ…!

What a **pure mind** you have!
You're **amazing** ...!

☐ 621 **mind**
[maind] マインド
名 心, 精神;考え
動 …をいやがる;…に気をつける

pure…[ピュア]
きれいな

☐ 622 **amazing**
[əméiziŋ] アメイズィング
形 おどろくべき, すばらしい

ヒロインの私の扱い, 悪くない?

おとちょっと! おとちょっと! 一緒にがんばろ――!!

1 2 3

歯医者さんがあるっていうのを聞いて

めっちゃかわいくして行ったの

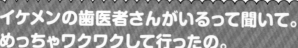

イケメンの歯医者さんがいるって聞いて。
めっちゃワクワクして行ったの。

I heard there was a good-looking dentist.
I was so excited and went there.

☐ **dentist**
[déntist] デンティスト

名 歯医者, 歯科医師

good-looking
…[グドゥルキング] ハンサムな

☐ **excited**
[iksáitid] イクサイティド

形 とてもわくわくした；興奮した

歯医者さん以外にも, いろんな職業があるよね～！ マンガ家は
cartoonist [comic artist], 学校の先生はteacher, 歌手なら
singer, 声優はvoice actor, パティシエはpastry chef!
みんながなりたい職業は何かな～？

そしたら, おじいちゃん
が出てきた。

Then, an old man came out.

めっちゃおじいちゃんが来た

☐ **old**
[ould] オウルド

形 年とった, 年老いた；…歳の
熟 ... year(s) old 「…歳」

彼女の担当の先生と僕の担当の先生は別の人でした。
ぴえん。

chapter 03

友達がパソコンについてアドバイスを
くれたの。
My friend gave me **advice** about the **computer**.

- [ ] **626** **advice**
  [ədváis] アドゥヴァイス
  名 助言, 忠告, アドバイス

- [ ] **627** **computer**
  [kəmpjúːtər] コンピュータァ
  名 コンピューター

メモ帳に書いててき！ めっちゃ恥ずかしいたかんねー！

まちがった名前, そのまま電話で
言っちゃったのね。
I said the incorrect name **over** the **phone**.

- [ ] **628** **over**
  [óuvər] オウヴァ
  前 …の上に；…をこえて；
  (電話など)によって
  副 上の方へ；向こうへ
  熟 over there 「あそこに, あっちに」

  incorrect…[インコレクト]
  まちがった

- [ ] **629** **phone**
  [foun] フォウン
  名 電話

名前ちゃんと確認しろよ～！
↑お前もな！

おとちょっと！おとちょっと！一緒にがんばろー――!!

1 2 5

くまくんの誕生日っていつなの？

うゆ…

くまくんの誕生日っていつなの？ ――うゆ…
――だれかほかの人に聞いてみよう。

When is Kuma-kun's birthday? — Ah um…
— Let's ask someone else.

☐ 630 **birthday**
[bə́:rθdei] バ～スデイ

名 誕生日

☐ 631 **someone**
[sʌ́mwʌn] サムワン

代 [ふつう肯定文で]だれか，ある人

☐ 632 **else**
[els] エルス

副 そのほかに，ほかに，ほかの

P丸様。の誕生日は覚えてるよ。

メンヘラゴリラなら

りすくんはタオルのように絞られた。
Risu-kun was squeezed like a towel.

☐ 633 **towel**
[táu(ə)l] タウ(エ)ル

名 タオル

┌─────────────────────────┐
│ **squeeze**…[スクウィーズ] …をしぼる │
└─────────────────────────┘

126

くまくんの誕生日

くまくんの誕生日でしょ？？

ええ〜っと‥

おとちょっと！ おとちょっと！ 一緒にがんばろ――！！

だれもくまくんの誕生日を知らない。
Nobody knows Kuma-kun's birthday.

634 **nobody**
[nóubɑdi] ノウバディ

代 だれも…ない

くまくんの誕生日は何日も前に過ぎてた。
だれも祝ってなかった。
Kuma-kun's birthday passed many days **ago**.
No one **celebrated** it.

635 **ago**
[əgóu] アゴウ

副 (今から)…前に

636 **celebrate**
[séləbreit] セレブレイト

動 …を祝う

4月4日だけど…。

127

執事の部屋の壁は写真とポスターに覆われている。

The **wall** of his **room** is covered with pictures and **posters**.

☐	**637 wall** [wɔːl] ウォール	名 壁, へい
☐	**638 room** [ru(ː)m] ル(ー)ム	名 部屋, …室
☐	**639 poster** [póustər] ポウスタァ	名 (広告用などの)ポスター, びら

執事の部屋はアイドルグッズでうめつくされている。

His room is **filled** with popstar merch.

☐	**640 fill** [fil] フィル

動 …を満たす
熟 be filled with ... 「…でいっぱいになる」
fill in 「(空所など)に必要事項を記入する」

> **popstar merch**
> …[ポップスター マーチ]
> アイドルグッズ

ここは、お嬢様のお部屋ですね!!

はぁぁぁぁぁ!!!

JKの空気だぁ!!!

ずぇぇぇ!!

おとちょっと!おとちょっと!一緒にがんばろ――!!

メイドさんはすみれお嬢様のいい香りをベッドの上で楽しんじゃってる。
She is enjoying Sumire's good smell on her bed.

☐ 641 **smell**
[smel] スメル

名 におい
動 …のにおいをかぐ；…のにおいがする

☐ 642 **bed**
[bed] ベッド

名 ベッド
熟 go to bed 「寝る」

そのとき、机の上にある紙を見つけた。
Then she found some paper on the desk.

これはなんでしょう??

☐ 643 **paper**
[péipər] ペイパァ

名 紙, 用紙；新聞

☐ 644 **desk**
[desk] デスク

名 机

paperは数えられない名詞なので, 紙1枚はa piece[sheet] of
paperとかって言うよ～。papersとは言わないから注意～!

129

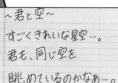

超恥ずかしい
ポエム書いとる！

こ‥こ‥これは！！

お嬢様が自作漫画書いてる！

何編かの恥ずかしい詩とマンガを見つけてしまった。

She has **discovered** some **pieces** of embarrassing poetry and manga.

 645 discover
[diskʌ́vər] ディスカヴァ
動 …を発見する，…がわかる

embarrassing
…[エンバラスィング]
(物事が)(人を)はずかしくさせるような

poetry
…[ポウエトゥリィ] 詩

 646 piece
[pi:s] ピース
名 1つ，1切れ
熟 a piece of+数えられない名詞「1つの…」

ある意味，すばらしいマンガなのかもしれない。

In a **sense**, it may be a **fantastic** manga.

ベェベェ族って何？！？！

647 sense
[sens] センス
名 感覚；意味
熟 in a sense 「ある意味では」

648 fantastic
[fæntǽstik] ファンタスティク
形 すばらしい，すてきな；すごい

新しい人類つくっちゃった！！

ぶっ飛びすぎて凡人にはわかりません…！

おと ちょっと！・おと ちょっと！・一緒にがんばろ——！！

入ったりでもしたら‥

５６しますから。

もし、入ったら‥

５６すから。

ここで働き続けたら死んじゃうかもしれません〜。もっと安全な職場で働きたいです！

If I keep working here, I may be **dead**.
I want a **safer workplace**!

☐ **649** **keep**
[ki:p] キープ

動 …を持っている；…にしておく；(家畜など)を飼う

活 keep - kept - kept

熟 keep+目的語+形容詞または分詞 「〜を…にしておく」
keep+-ing形 「…しつづける」

workplace…[ワ〜クプレイス] 職場

☐ **650** **dead**
[ded] デッド

形 死んだ, 死んでいる

☐ **651** **safe**
[seif] セイフ

形 安全な；無事な

しかし, メイドはプロだ！笑顔でスルーした。

However, she's a **professional**!
She **smiled** and **brushed** it **off**.

かしこまりましたぁ〜

☐ **652** **professional**
[prəféʃ(ə)nəl] プロフェシ(ョ)ナル

名 専門家；プロ選手
形 専門家の；プロの

brush off …
…[ブラシ オ(−)フ]
…を払いのける

☐ **653** **smile**
[smail] スマイル

動 ほほえむ
名 ほほえみ

熟 with a smile 「にっこり笑って」

準備できた？？

できましたぁ～～

準備できた, 白雪?
Are you ready, Shirayuki?

☐ 654 **ready**
[rédi] レディ

形 用意ができた
熟 be ready for ... 「…の準備ができている」

今, 人気の映画のチケットを

くまくんは、どうかな～って

人気の映画のチケットが2枚あるの。
今度の日曜日, くまくんはひまかなって。
I have two tickets for a popular movie.
Will you be free next Sunday?

☐ 655 **ticket**
[tíkit] ティケト

名 (乗り物の)切符, チケット, 乗車券;
(遊園地・催し物などの)チケット, 入場券

☐ 656 **free**
[fri:] フリー

形 自由な;無料の, ただの;ひまな
熟 for free 「ただで, 無料で」
feel free to ... 「自由に…してよい」

☐ 657 **next**
[nekst] ネクスト

形 次の, 今度の 副 次に
熟 next to ... 「…の隣に」

くまくんをデートに誘う練習してる～! うゆ～!

赤ずきんちゃん、最高ですぅ

くまくん、そんな喋り方しないんだけど？

完璧ですぅ, 赤ずきんちゃん。
―お前の話し方, くまくんに似てないんだけど？

You're perfect, Akazukin-chan.
— Your way of speaking doesn't sound like his.

☐ 658 **perfect**
[pə́:rfikt] パ〜フェクト

形 完全な；最適の

☐ 659 **sound**
[saund] サウンド

動 …に聞こえる，…に思われる
名 音, 物音

もっと調査が
必要だった。

More research was needed.

見たよ？？？

☐ 660 **research**
[risə́:rtʃ] リサ〜チ

名 研究, 調査
動 (…を)研究する，調査する

 え？

くまくん…もうこの映画見てた…

おとちょっと！おとちょっと！一緒にがんばろ——‼

申し訳ないですが!!　クッソおもろいやん

かわいそうな赤ずきんちゃん。それはともかく、クッソおもろいやん。

Poor Akazukin-chan. Anyway, how funny!

☐ 661	**poor** [puər]プア	形 貧しい；かわいそうな 熟 be poor at ... 「…がへたである」
☐ 662	**anyway** [éniwei]エニウェイ	副 とにかく，いずれにしても

くまくんと一緒に見に行ったよ？？

彼女は，赤ずきんちゃんが自分の言葉をどう思うか，少し考えたほうがいい。

She should guess a bit how Akazukin-chan may feel about her words.

☐ 663	**guess** [ges]ゲス	動 …を推測する 熟 Guess what! 「あのね，ねえねえ」
☐ 664	**bit** [bit]ビット	名 小片，かけら；少し，少量 熟 a bit 「ちょっと」

え？　何，この雰囲気…？

できるだけ速く逃げて！
殺される！
Run away as fast as you can!
They will kill you!

	665	**run** [rʌn]ラン	動 走る；逃げる；(川・液体が)流れる； (会社・店など)を経営する 活 run - ran - run 熟 run away「逃げる」
	666	**fast** [fæst]ファスト	副 速く 形 速い
	667	**kill** [kil]キル	動 (人・動物)を殺す

あんた，命拾いしたな。
You had a narrow escape from death.

	668	**narrow** [nǽrou]ナロウ	形 (幅が)せまい；かろうじての
	669	**escape** [iskéip]エスケイプ	名 脱出，逃亡，脱走 動 逃げる；(危険・災難など)をのがれる，まぬかれる
	670	**death** [deθ]デス	名 死，死亡

おとちょっと！・おとちょっと！・一緒にがんば3——！！

 赤ずきんちゃんの似顔絵を

これ一生の宝物にするね！

この絵，一生の宝物だよ。
This **painting** is a **treasure** I will keep my **entire life**.

☐	671	**painting** [péintiŋ] ペインティング	名 （絵の具を使った） 絵, 絵画
☐	672	**treasure** [tréʒər] トゥレジァ	名 宝物, 財宝
☐	673	**life** [laif] ライフ	名 生活；（一般的に）生命, （人の）一生

> **entire**…[エンタイア]
全体の, 全部の

 右が大きくなってしまいましてですね

 は？

あなたの心の真実を表しました〜！
I have **expressed** the **truth** of your heart!

☐	674	**express** [iksprés] イクスプレス	動 （感情など）を表現する；（意見）を述べる
☐	675	**truth** [tru:θ] トゥルース	名 真実

ぼくは桃太郎です！桃から生まれました。

**I'm Momotaro.
I was born from a peach.**

ぼく!!桃太郎です!!!

☐	**676**	**born** [bɔːrn] ボーン	動 《be bornで》(人・動物が)生まれる
☐	**677**	**peach** [piːtʃ] ピーチ	名 《植物》桃

♪指の1本1本の爪を剥ぎ、　♪指切った!!!

指切りしよ。嘘ついたら指のつめ剥〜ぐよ。

**Let's make a pinky promise. If you lie,
I'll peel off the nails of your fingers.**

☐	**678**	**promise** [prάmis] プラミス	名 約束
☐	**679**	**lie** [lai] ライ	動 嘘をつく
☐	**680**	**nail** [neil] ネイル	名 (人の)つめ
☐	**681**	**finger** [fíŋɡər] フィンガァ	名 (手の)指

> **pinky**…[ピンキー] 小指
> **peel**…[ピール]
> (果物など)の皮をむく；
> 《peel offで》…をはがす

ソレフコイネ!!!!

桃太郎さんこわっ…

歌の録音をしながら

初めてのアフレコをしながら

あと、「Pまるぶっく。」を

で、結構わちゃわちゃしてて

レコーディングをしたり声優業をしたりマンガを描いたりと, たくさんの企画に挑戦したよ。

I tried many projects, such as recording my song, voice acting, and drawing manga.

☐ 682	**project** [prádʒekt]プラヂェクト	名 計画；(大がかりな)事業
☐ 683	**such** [sʌtʃ, sʌtʃ]サチ, サッチ	形 そのような 熟 ～, such as … 「(たとえば)…のような～」
☐ 684	**act** [ækt]アクト	動 (…を)演じる

でも, こんなん習ったことないーっ!!!

However, I've never learned these!!!

☐ 685	**never** [névər]ネヴァ	副 けっして…ない, (今までに)一度も…ない
☐ 686	**these** [ði:z]ズィーズ	代 これら, この人たち 形 これらの

ハンバーグ 20秒ク...
ハンバーグクッキングの人

一番見られた動画のせいで,「ハンバーグクッキングの人」って呼ばれてたんだよね。

I was called the "hamburger steak cooking person" because of my most-viewed video.

□ 687 **call**
[kɔːl]コール

動 《call+目的語+名詞などで》
～を…と呼ぶ

□ 688 **hamburger**
[hǽmbɔːrgər]ハンバ～ガァ

名 ハンバーガー, ハンバーグ(ステーキ)
(=hamburger steak)

□ 689 **steak**
[steik]ステイク

名 ステーキ

□ 690 **most**
[moust]モウスト

副 (muchの最上級)もっとも, いちばん
代 最多数, 最大量;大部分
熟 most of ... 「…の大部分, たいていの…」

□ 691 **view**
[vju:]ヴュー

動 (テレビなど)を見る

視聴者さんが「食べたあとですか?」って聞いてきたの。

A viewer asked, "Is it the one that you have already eaten?"

『ハンバーグ失敗しちゃったよぉ～』

□ 692 **viewer**
[vjú:ər]ヴューア

名 テレビの視聴者, (絵画などを)見る人

□ 693 **already**
[ɔːlrédi]オールレディ

副 すでに, もう

 は?

ハンバーグにされたいのかな?

あとちょっと!あとちょっと!一緒にがんばろ――!!

何て言えばいいかなぁ〜???

今度一緒に行かない??

がんばってみるよっ!!

この前、お‥美味しいレストランを

あの子をデートに誘いたいんだ。
――うまくいくといいねえええ!

I want to ask her out for a **date**.
— I **wish** you **luck**!!!!

☐ 694	**date** [deit] デイト	名 日付;デート
☐ 695	**wish** [wiʃ] ウィッシ	動 (人のために)…を祈る,《wish+人+幸運・成功などで》(人)に(幸運・成功など)がもたらされるよう願う
☐ 696	**luck** [lʌk] ラック	名 運;幸運

チャンスが
台無しだあ…

What a waste of a chance…

奢ってください。

☐ 697	**waste** [weist] ウェイスト	名 浪費;ごみ 動 (金・時間・労力など)をむだに使う,むだにする
☐ 698	**chance** [tʃæns] チャンス	名 機会,チャンス

カランコロォン!!!

何名様ですか??

ぼっちデェス!!!

相席でもよろしいですか??

今お店が混み合っております。
相席でもよろしいですか?

This restaurant is **crowded** now.
Would you mind sharing the **table**?

☐ 699 **crowded**
[kráudid] クラウディド

形 (場所が人で)混み合った, 混雑した

☐ 700 **table**
[téibl] テイブル

名 テーブル

Would you mind -ing?
…していただけませんか?

こいつらやっつける用
の爆弾ください。
Please give me a **bomb** to
beat them.

☐ 701 **bomb**
[bam] バム

名 爆弾

☐ 702 **beat**
[bi:t] ビート

動 …を打ち負かす, 破る

執事は鼻毛の親父ギャグをつぶやいた。
He told a dad joke about a **long nose** hair.

☐ **703 long**
[lɔ(ː)ŋ] ロ(ー)ング
形 長い

☐ **704 nose**
[nouz] ノウズ
名 鼻

ちなみにdadは「お父さん」で，jokeは「冗談，ジョーク」って意味だから，dad jokeで「親父ギャグ」って意味になるんだね〜。
dadといっしょにmom「お母さん」も覚えておくといいよ〜。

すみれ様の夫になる方を探るために隠れておりました。
I was **hiding** to look into who will be Sumire's **husband**.

☐ **705 hide**
[haid] ハイド
動 隠れる

☐ **706 husband**
[hʌ́zbənd] ハズバンド
名 夫

142

顔面好みすぎて何枚でも写真撮りたい。

I love your face so much that I want to take as many pictures as **possible**.

□ 707 **possible**
[pásəbl] パスィブル

形 (物事が)可能な;(物事が)ありうる

as～as possible で「できるだけ～」って意味になるんだよね～。as soon as possible (できるだけ早く) を略して「ASAP」って書いたりするしね～。あと,possibleの反対の意味はimpossible「不可能な」だよ～。

顔面がなくても生きていけるすばらしい方法を発明してあげるよ～!

I'll **invent** an **excellent** way for you to live without your face!

□ 708 **invent**
[invént] インヴェント

動 (新しい機械・装置など)を発明する;(新しい方法など)を考案する

□ 709 **excellent**
[éks(ə)lənt] エクセレント

形 優れた,すばらしい

おとちょっと!おとちょっと!一緒にがんばろ――!!

来年の1月21日まで

1年間

お菓子

禁止

わ～～～～～～

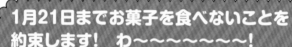

1月21日までお菓子を食べないことを
約束します！　わ～～～～～～～！

I promise that I won't eat sweets or snacks until January
21st! Wooooooooooooooow!

☐	710	**sweet** [swíːt] スウィート	名 あまい菓子 形 あまい；香りのよい；かわいらしい
☐	711	**snack** [snǽk] スナック	名 軽食, 間食, スナック食品；おやつ
☐	712	**until** [əntíl] アンティル	前 [動作・状態のある時までの継続を表して] …まで（ずっと）

特に何もがんばらなくてもできるよ！

I can achieve it without any
special effort!

でもね、なんか余裕な気がします

☐	713	**special** [spéʃ(ə)l] スペシ(ャ)ル	形 特別な
☐	714	**effort** [éfərt] エフォト	名 努力

> achieve
> …[アチーブ]
> …を達成する

友達がドーナツを食べさせようとしてくる。
My friend is encouraging me to eat donuts.

☐ 715 **encourage**
[inkə́:ridʒ] エンカ〜レヂ

動 (人)をはげます，勇気づける
熟 encourage+人+to ...
「(人)に…するように勧める」

☐ 716 **donut**
[dóunʌt] ドウナト

名 ドーナツ

こんな動画を作らなければ，
気楽に食べられるのにぃ！
If I didn't make this kind of video,
I could eat them in peace!

☐ 717 **peace**
[pi:s] ピース

名 平和
熟 in peace 「平和に，おだやかに」

peaceの反対の意味は，war「戦争」だね〜。

お姫様あ〜!!

丸呑みしたら倒れちゃったぁ〜!!

お姫様が悪い魔女からもらったメロンを丸呑みして死んじゃった!

Our **princess** has died because she swallowed a **melon** given to her by a bad **witch**!

| | 718 | **princess**
[prínsis] プリンセス | 名 王女, 皇女 ; 王妃 |

> **swallow**…[スワロウ]
（食物など）を飲みこむ

| | 719 | **melon**
[mélən] メロン | 名 メロン |

| | 720 | **witch**
[witʃ] ウィッチ | 名 魔女 |

愛のキスでないと目覚めない!!

パカラパカラパカラパカラッ

お姫様を目覚めさせられるのは, 王子様のキスだけだ!

The only thing that can awaken her is a **kiss** from the prince!

| | 721 | **kiss**
[kis] キス | 名 キス, くちづけ |

> **awaken**…[アウェイクン]
…を目覚めさせる

| | 722 | **prince**
[príns] プリンス | 名 王子, 皇子 |

146

王子様だ!!

お姫様が倒れている!!

いかにも王子様っぽい王子様が来たぞ!

A man who certainly fits the image of a prince has arrived!

- [ ] 723 **fit**
  [fit] フィット
  動 (服などのサイズ・型が)…にぴったり合う

- [ ] 724 **image**
  [ímidʒ] イミヂ
  名 イメージ, 印象

- [ ] 725 **arrive**
  [əráiv] アライヴ
  動 到着する, 着く

目が覚めたらお腹が空いたわ

まぁ一週間はいけるか

まぁ, 一週間の食糧はこれでいけるか。

Well, this amount of food is sufficient for a week.

- [ ] 726 **amount**
  [əmáunt] アマウント
  名 量, 額

> **sufficient**
> …[サフィシェント] じゅうぶんな

王子, こわ…。あ, ちなみにarriveのあとにatやinを置くと「～に着く」という意味になるよ～。「駅に着く」ならarrive at the station, 「東京に着く」ならarrive in Tokyoだね～。

P丸様のチャームポイントは何ですか？

エクボです。

お前顔出ししてないから

分からんやろがい!!

僕のチャームポイントはエクボです♡
──お前ネットで顔出ししてないやろがい!
My most attractive feature is dimples♡
— You've never shown your face on the Internet!

	727	**attractive** [ətrǽktiv] アトゥラクティヴ	形 魅力的な, 人を引きつける	dimple…[ディンプル] えくぼ
☐	728	**feature** [fíːtʃər] フィーチァ	名 特徴	
☐	729	**Internet** [íntərnet] インタネット	名 インターネット	

私のジョーク,
流しやがった!!
He paid no attention to my joke!!

ツッコミが来ると思ったんですけど

☐	730	**pay** [pei] ペイ	動 (注意など)を払う; (金・勘定など)を払う 活 pay - paid - paid
☐	731	**attention** [əténʃən] アテンション	名 注意, 注目

学校の帰りに

Aちゃんが

学生のとき, 友達が目の前で消えたんだよね。
My friend **disappeared** in **front** of me when we were students.

- [ ] **732** **disappear**
  [dìsəpíər] ディサピア
  動 見えなくなる；消えてなくなる, 消滅する

- [ ] **733** **front**
  [frʌnt] フラント
  名 前部, 前面, 正面
  熟 in front of ... （場所について）「…の前に」

友達, すごい勢いでこけちゃってさ!
She fell **down** with great **force**!

こけちゃってさ!!

- [ ] **734** **down**
  [daun] ダウン
  副 [動作・位置・静止の状態をさして] 下へ

- [ ] **735** **force**
  [fɔːrs] フォース
  名 力

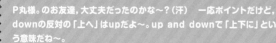
草超えて森www

P丸様。のお友達, 大丈夫だったのかな～？（汗） 一応ポイントだけど, downの反対の「上へ」はupだよ～。up and downで「上下に」という意味だね～。

おとちょっと！おとちょっと！一緒にがんばろ――!!

僕の野糞(のぐそ)コレクションが増えた～!

The number of **wild** animal droppings in my **collection** has increased!

僕の野糞コレクション

☐ 736 **wild**
[waild] ワイルド
形 (動物・植物が)野生の

> **dropping**…[ドゥラッピング]
> (鳥獣の)ふん

☐ 737 **collection**
[kəlékʃən] コレクション
名 集めること；コレクション

> The number of + 名詞の複数形で, 「…の数」という意味だよ～。
> numberは, P.10にも出てくる基本の単語だから思い出しておこうね～。

動いたら撃つ

動いたら撃つ。手を上げろ。

If you **move**, I'll **shoot**. **Hands** up.

☐ 738 **move**
[mu:v] ムーヴ
動 動く；…を動かす

☐ 739 **shoot**
[ʃu:t] シュート
動 撃つ, 射撃する；…を撃つ

☐ 740 **hand**
[hænd] ハンド
名 手

ツルが罠にかかってるぅ〜!!　じゃっ!!

うさぎさんは罠（わな）にかかったツルを放してあげませんでした。
Usagi-san didn't release the crane caught in a trap.

☐ **741**  **release**
[rilí:s]リリース
動 (人・動物)を自由にする；解放する；
(つかんでいた物)を放す

☐ **742** **crane**
[krein]クレイン
名 (鳥)ツル

☐ **743**  **trap**
[træp]トゥラップ
名 (動物などをとらえる)罠（わな）

あなたは心優しいんですね‥　この状況なら誰だって助けるでしょ‥

こういう場合, 誰だって助けるでしょ。
Anyone would help you in this case.

☐ **744** **case**
[keis]ケイス
名 場合；事例

うさぎさんったら, ひどいなあ〜。ちなみに, 重いものをつりあげるクレーンは「ツル」のcraneから来ているんだよ〜。形がなんだか似てるよね〜。

すみれちゃん‥

すみれ様は受験におっこちたよ♪

すみれちゃんはなぜ庶民の学校に通っているんだろう？
——入学試験に落っこちたからだよ。

Why does Sumire-chan attend a school for common people?
— Because she failed the entrance exam.

☐	745	**attend** [əténd] アテンド	動 (学校・教会など)に通う；(会合など)に出席する
☐	746	**common** [kámən] カモン	形 ふつうの, ありふれた；共通の
☐	747	**fail** [feil] フェイル	動 (試験・科目など)に落ちる；失敗する
☐	748	**entrance** [éntrəns] エントゥランス	名 入り口；入学；入場

惚れ薬～？？

あるんだ？

これは最初に見た人を好きになっちゃう薬だ！

This is the medicine that makes her fall in love with the first person she sees!

☐	749	**medicine** [méd(ə)sən] メディ(ィ)スン	名 薬, 内服薬, 医薬品

ももくん、どうしたの？？

ココアでもどうぞ？

あら、嬉しい

僕はその薬を飲み物に混ぜて, 自然な態度ですみれちゃんに渡しました。

I mixed a drink with the medicine and passed it to her with a natural behavior.

☐	750	**mix** [miks] ミックス	動 …を混ぜる； 《mix 〜 with …で》〜に…を混ぜる
☐	751	**natural** [nǽtʃ(ə)rəl] ナチ(ュ)ラル	形 自然の, 天然の, 生まれつきの
☐	752	**behavior** [bihéivjər] ビヘイヴァ	名 ふるまい, 態度；行儀

メガネじゃなくて本体を好きになってくれよ。

Please love the main body, not the glasses.

そのメガネがっ！！

☐	753	**main** [mein] メイン	形 おもな, 主要な
☐	754	**glasses** [glǽsiz] グラスィズ	名 眼鏡；glass(コップ)の複数形

バチくそかっこいいね君だ!! 羊を数えてやろうか!!

お前が眠るまで羊を数えてやろうか!
I'll count sheep until you fall asleep!

☐ 755 **count**
[kaunt] カウント
動 (1つずつ)…を数える;計算する;数を数える

☐ 756 **sheep**
[ʃiːp] シープ
名 羊

☐ 757 **asleep**
[əslíːp] アスリープ
形 眠って
熟 fall asleep 「寝入る,眠りに落ちる」

ああああああああ!! お嬢様を治す薬を作って下さい

お嬢様を治す薬を開発してください。
Please develop medicine to cure her.

☐ 758 **develop**
[divéləp] ディヴェロプ
動 (新商品・土地など)を開発する;…を発達させる

cure…[キュア]
(病気・病人)を治す

「羊」は単数でも複数でもsheepだよ〜。「魚」のfishも同じなんだ〜。
「何匹か魚をつかまえた」はI caught some fish. となるよ〜。

タダじゃ簡単には助けになれないな～。
I can't easily be helpful without pay.

タダで働くのきつい～!!

☐ 759 **easily**
[íːzəli] イーズィリィ

副 簡単に,たやすく

☐ 760 **helpful**
[hélpfəl] ヘルプフル

形 役立つ,助けになる

helpfulの後ろについてる ful は「満ちた」という意味があるんだよ～。ほかにもcolorful「カラフルな」, careful「注意深い」, useful「有用な」とかね～!

メガネ命い～!!

みかんさんしか頼れません

次の日曜日デートしてぇ～!!

こうしてお嬢様は元に戻りました

あなたしか頼れません! 要求はのみますから!
I can only depend on you! I'll accept your demand!

☐ 761 **depend**
[dipénd] ディペンド

動 (depend on ...で) …に頼る

☐ 762 **accept**
[əksépt] アクセプト

動 (提供されるもの)を受け入れる;(招待・申しこみなど)を受諾する

demand…[ディマンド]
要求;…を要求する

友達が茶碗蒸し断ったくせに、結局全部ペロッって食べてん。

My friends refused *chawanmushi*, but they ended up eating the whole thing.

☐ 763 **end**
[end] エンド

動 …を終わらせる、終わる
熟 end up 「結局…になる」

> **refuse**…[リフューズ]
> (申し出・誘いなど)を断る

☐ 764 **whole**
[houl] ホウル

形 全体の；まるごとの

ついさっき なんて言った?

What did you say a moment ago?

☐ 765 **moment**
[móumənt] モウメント

名 瞬間、ちょっとの間、一瞬

wholeは他にも、the whole worldで「全世界」、a whole yearで「丸1年」などと使えるよ～。P丸様。のお友達はみんな食いしん坊なんだね～。

ぬいぐるみが増えすぎたからキッチンに飾ってるんだ。

I have too many stuffed animals, so I've **decorated** the **kitchen** with them.

おとちょっと！おとちょっと！一緒にがんばろーーー‼

☐ 766	**decorate** [dékəreit] デコレイト	動 …を飾る	**stuffed animal** …[スタフト アニマル] （動物の）ぬいぐるみ
☐ 767	**kitchen** [kítʃin] キチン	名 台所	

友達がこの光景を見たら，「何も料理しないのかな」って思うかもーーーー！

If my friends see this **sight**, they may think I never cook **anything**!

☐ 768	**sight** [sait] サイト	名 光景，ながめ
☐ 769	**anything** [éniθiŋ] エニスィング	代 [否定文で]何も（…ない）， [疑問文またはifの文で]何か

料理しないわけじゃないんです…！

今日, 僕たちは森でピクニックを楽しんでるんだぁ～!
Today, we are enjoying a picnic in the forest!

今日はみんなでピクニックだぁ～!!

☐ 770 **picnic**
[píknik] ピクニク

名 ピクニック, 野外での食事

☐ 771 **forest**
[fɔ́(:)rist] フォ(ー)レスト

名 (広大な地域にわたる)森林, 山林

おやつは300円までだよ!!

破ってます!!

うさぎさんが300円以上のおやつを
持ってきてます!
Usagi-san brought snacks that cost more than 300 yen!

☐ 772 **bring**
[briŋ] ブリング

動 (物)を持ってくる;(人)を連れてくる
活 bring - brought - brought

☐ 773 **cost**
[kɔ(:)st] コ(ー)スト

動 (金)がかかる, (値段が)…である
名 費用;値段

☐ 774 **than**
[ðən, ðæn] ザン, ザン

接 …よりも　前 …よりも

☐ 775 **yen**
[jen] イェン

名 円(日本の通貨単位)

more than ～は, ～を超える数や量を表すよ。more than twoなら
「3以上」になるよ。

今日のお弁当一緒に食べない？？　お弁当のおかずを交換こしたり～

お弁当一緒に食べない？
おかず交換こしない？

Shall we eat lunch together?
How about exchanging our side dishes?

☐ 776 **exchange**
[ikstʃéindʒ]イクスチェインヂ

動 …を交換する
名 交換；両替

俺の班、全員食っちまったんだよ　もう居ないよ？

俺の班のメンバー, 全員食っちまったんだよ。
もうこの世に居ないよ。

I ate all of the members of my group.
They are no longer in this world.

☐ 777 **member**
[mémbər]メンバァ

名 (団体・組織・クラブなどの)メンバー, 会員

☐ 778 **group**
[gru:p]グループ

名 グループ, 群れ, 集団

☐ 779 **world**
[wə:rld]ワ～ルド

名 [theをつけて]世界；世界中の人々

おおかみくん…こわいよ～。あ, ちなみに「グループで」はin a group
って言うよ～。

僕の名前はピヨ丸!!

こんなものを用意しちゃいました!!

誕生日おめでとう!!

ねぇ、まだ。

ピヨ丸はPちゃんのために 大きな誕生日ケーキを用意しました。

Piyomaru prepared a big birthday cake for Pchan.

☐	780	**prepare** [pripéər] プリペア	動 …の準備をする；(食事)のしたくをする
☐	781	**big** [big] ビッグ	形 大きい；年上の
☐	782	**cake** [keik] ケイク	名 ケーキ

まだ誕生日じゃない!!

My birthday hasn't come yet!!

☐	783	**yet** [jet] イェット	副 [否定文で]まだ(…ない)；[疑問文で]もう, すでに；[肯定文で]まだ, いまでも

みんな注目～! yetは疑問文と否定文では意味が変わるよ～。Have you done it yet? なら「もうそれした?」の意味で、I haven't done it yet. なら「まだそれしてない」の意味になるよ～。ちょっと難しいけど大事だね～。

→2代目ヒヨコ

ヒヨコ

焼き鳥にしてみましたぁ～!!

今日の食事はこれだ!
Here is today's **meal**!

☐ 784 **meal**
[míːl] ミール
名 (1日の定時の)食事

今日はこれを食べたいと思いま～す!

まずぅううううう!!

まずぅうううううう!!
It **tastes** **terrible**!!

☐ 785 **taste**
[teist] テイスト
動 (食べ物が…の)味がする
名 (食べ物の)味,風味;好み

☐ 786 **terrible**
[térəbl] テリブル
形 ひどい;ひどく悪い;おそろしい

このヒヨコ? 2代目だよ!

おとちょっと! おとちょっと! 一緒にがんばろ――!!

乗っ取ってみました！！

今日はね、楽しいお話を

楽しいお話‥

うるるるる

私の使命は, Pちゃんの代わりにみんなに楽しい話をすることです。応援お願いします！

My mission is to tell everyone a fun story in place of Pchan. Please support me!

☐	787	**mission** [míʃən]ミション	名 (軍事・宇宙船などの)任務, 使命, ミッション
	788	**place** [pleis]プレイス	名 場所, 席, 地位 熟 in place of ... 「…の代わりに」
☐	789	**support** [səpɔ́ːrt]サポート	動 …を支持する；…を支援する

自分の世界に入っちゃった！
I got lost in my own world!

自分の世界に入っちゃった！！

| ☐ | 790 | **lost**
[lɔ(ː)st]ロ(ー)スト | 形 失われた, 道に迷った |
| ☐ | 791 | **own**
[oun]オウン | 形 自分自身の, 自分の, (…)自身の |

教えてくださいって

ウニとフォアグラが嫌いです!!

あるスタッフさんがPちゃんに嫌いな食べ物を聞いたの。

A **staff** member asked Pchan which foods she didn't like.

□ 792 **staff**
[stæf] スタフ

名 [ふつう単数形で] 職員, 部員, 局員, スタッフ

おもしろーい!!

お前の脳内高級料理店か!

そんな高い食べ物出るわけないだろ！スタジオは高級料理店じゃない！

They wouldn't give you such **expensive** food!
The studio isn't a gourmet restaurant!

□ 793 **expensive**
[ikspénsiv] イクスペンスィヴ

形 (値段が) 高い, 高価な

studio…[ステューディオウ]
(テレビ・ラジオなどの)スタジオ, 放送室
gourmet…[グアメイ] 食通

 そんなものは絶対に出ません。(スタッフからマジレス)

Chapter 04

ごめん。
もうPちゃんにも
わかんないかもしんない、
みんながんばれーっ!!!

最後っ!! 最後っ!! あとだいたい200語!
Pちゃんにはさっぱりわかんない単語も出てきまくる
みたいだけど…みんなはがんばって………
くれるよね…!?!?

俺は、頭の上にフクロウを乗せている

変な人です

俺が乗っ取っちゃったん‥

だあああああああああ！！

> ## 俺は, 頭の上にフクロウを乗せている変な人です。
> I'm a **strange** person who has an owl on my **head**.

- [ ] **794** **strange**
  [streindʒ]ストレインヂ
  形 変な, 奇妙な, 不思議な; 見知らぬ

  > owl…[アウル]
  > フクロウ

- [ ] **795** **head**
  [hed]ヘッド
  名 頭, 頭部

> ## 「え, 何人演じられるの?」って思ってるでしょ。
> You may **wonder** how many characters I can **perform**.

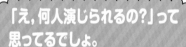

『え、何人いんの？』

- [ ] **796** **wonder**
  [wʌ́ndər]ワンダァ
  動 《wonder+疑問詞…で》…だろうか(と思う)

- [ ] **797** **perform**
  [pərfɔ́:rm]パフォーム
  動 (劇など)を演じる; (曲)を演奏する

 さすがにこれ以上は区別つけらんない。

この声真似ダメなんだよ

もう攻めないことにした！！

俺はもう危険なラインを攻めない。
I won't **cross** the dangerous **line** anymore.

- 798 **cross** [krɔ(:)s]クロ(ー)ス　動 (道路・川・橋など)をわたる, 横切る
- 799 **line** [lain]ライン　名 線
- 800 **anymore** [enimɔ́:r]エニモー(ァ)　副 [否定文で]もう, いまは

ちなみに, 「一列に並ぶ」はstand in lineっていうよ〜。

ごめん。もうPちゃんにもわかんないかもしんない。みんながんばれーっ!!!

あの動画なんで消されたんですか？
Why did you **remove** that video?

なんで——？？

あの動画なんで消されたんですか？

- 801 **remove** [rimú:v]リムーヴ　動 …をとり去る, とり除く

大人が怒ると, ちょー怖いんだよ…。

今日は雨なの‥

たまたま今日2本持ってたから

やばぁーい！！

(本当は一本しか持ってきてないんだ)

雨だわ…。
──僕の傘を貸してあげるよ。2本持ってるんだ。
It's **rainy**….
— I'll **lend** you my **umbrella**. I have two.

☐ 802 **rainy**
[réini]レイニィ
形 雨の, 雨降りの

☐ 803 **lend**
[lend]レンド
動 (金・物・力など)を貸す
活 lend - lent - lent

☐ 804 **umbrella**
[ʌmbrélə]アンブレラ
名 傘

半分借りるわ。──強っ！
I'll **borrow** half. — You're
powerful!

☐ 805 **borrow**
[bárou]バロウ
動 …を借りる

☐ 806 **powerful**
[páuərfəl]パウアフル
形 力強い, 強力な

お嬢様のお婿さん候補が気になるんですか？

乗り気じゃないんでしょ？

めっちゃノリノリですよ。

フラダンスも習おうかなって

お嬢様は縁談にノリノリです。
——別のダンスも習おうかしら？

She is **interested** in an **offer** of marriage.
— Should I also learn another dance?

☐ **807 interested**
[ínt(ə)ristid] インタレスティド

形 興味を持っている，関心がある
熟 be interested in ...
「…に興味がある，関心がある」

marriage…［マリヂ］
結婚；結婚生活

☐ **808 offer**
[ɔ́(ː)fər] オ(ー)ファ

名 提案，申し出
動 …を提案する，申し出る；…を提供する

僕はすみれちゃんに近づく男たちを何度も妨害してきたんだ！

I've **blocked** men approaching her many times!

☐ **809 block**
[blak] ブラック

動 …を妨害する；…をふさぐ
名 (木・石など固体の)かたまり，ブロック

approach…［アプロウチ］
…に近づく，接近する

この量，どうやってシャツの下に…？

ごめん。もうアちゃんにもわかんないかもしんない、みんながんばれーっ!!!

1 6 9

ある日, 一番面白いクラスメートが僕に封筒を
渡してきたの。その子, 手紙書いてくれてたんだ。

One day, the funniest classmate gave me an **envelope**.
He **wrote** me a **letter**.

☐ 810 **envelope**
[énvəloup] エンヴェロウプ

名 封筒

☐ 811 **write**
[rait] ライト

動 (手紙)を書く, 出す；《write＋人＋手紙 ／
write＋手紙＋to＋人で》(人)に手紙を書く
活 write - wrote - written

☐ 812 **letter**
[létər] レタァ

名 手紙；文字

その子のメッセージが本心だとは
思わなかったんだよ。

I didn't think that message expressed
his **true** feelings.

☐ 813 **true**
[tru:] トゥルー

形 ほんとうの, 真実の

P丸様。罪な人だな〜。あ, 同じ「かく」でも, 文字を書くときはwrite,
線を引いたり鉛筆などで絵を描いたりするときはdraw, 色を塗って絵
を描くときにはpaintを使うよ〜。英語は奥が深いよね〜。

彼が本気だと気づいて, 僕は丁寧なお返事を書きました。

After I found he was serious, I wrote a polite reply.

☐ **814** **serious**
[sí(ə)riəs] スィ(ア)リアス

形 本気の, しんけんな, 重大な, 深刻な

polite…[ポライト]
ていねいな, 礼儀正しい

☐ **815** **reply**
[riplái] リプライ

名 返事, 返答
動 返事をする, 返答する

僕の男友達に決闘を申し込んじゃった!

He challenged my male friend to a duel!

☐ **816** **challenge**
[tʃǽlindʒ] チャレンヂ

動 (人)に挑む, 挑戦する
名 挑戦, やりがいのあること

duel…[デューアル]
決闘

☐ **817** **male**
[meil] メイル

形 男性の, 男の
名 男性, 男

あっさり負けてた。

あらら〜あっさり負けちゃったか〜。ちなみに, maleの反対はfemale「女性の」「女の」だよ〜。

腕相撲しよぉー!!

え、勝てるかな??

悔しぃぃぃぃぃぃぃ

勝負だ!! 腕相撲(うでずもう)しよぉー!
—— え, 勝てるかな?

Let's fight!! Let's do arm wrestling!
— Well, I wonder if I can win.

☐ **818 fight**
[fait]ファイト
動 戦う, 争う;けんかする
活 fight - fought - fought

> **wrestling**
> …[レスリング]
> 【スポーツ】レスリング

☐ **819 win**
[win]ウィン
動 (試合・戦争などに)勝つ
活 win - won - won

どうして僕は赤ずきんちゃんより弱いんだ! あいつバケモンだろ!

Why am I weaker than that girl?
She is a monster, isn't she?

おかしいだろぉぉぉぉ

☐ **820 weak**
[wíːk]ウィーク
形 (力・体・性格が)弱い;(物などが)もろい

☐ **821 monster**
[mánstər]マンスタァ
名 怪物, 化け物, モンスター

weakの反対はstrong「強い」だよ。Akazukin-chan is strong!

ひゃはは～!!

降りるのは有料です

降りるのは有料だって最初に 説明しなかったじゃん!

You didn't explain up front that there is a charge for getting off!

☐ 822 **explain**
[ikspléin] イクスプレイン

動 …を説明する；
《explain(that)…で》…ということを説明する

☐ 823 **charge**
[tʃɑːrdʒ] チャーヂ

名 (サービスに対して支払う)料金
動 (バッテリーなど)を充電する

タピオカマーン!!

みんなのヒーロー・タピオカマンが現れて 詐欺師(さぎし)をやっつけてくれたよ!

Tapioca-man, a hero for everyone, appeared and knocked out the swindler!

☐ 824 **hero**
[híːrou] ヒーロウ

名 英雄, ヒーロー

swindler…[スウィンドラァ]
詐欺師

☐ 825 **knock**
[nɑk] ナック

動 (ドアなどを)ノックする, 打つ；
…をなぐる

黙ってたら, お菓子食べたかとか
バレないっしょ。

**If you stay silent, no one will notice that
you have eaten sweets.**

☐ 826 **stay**
[stei] ステイ

動《stay+形容詞または名詞などで》…のままでいる；
(ある場所に)とどまる；滞在する

☐ 827 **silent**
[sáilənt] サイレント

形 沈黙した；静かな

ぶっちゃけ, 菓子パンはめっちゃ食べた。
In fact, I've eaten a lot of sweet buns.

☐ 828 **fact**
[fækt] ファクト

名 事実, 現実, 実際
熟 in fact
[前の文を強調・訂正して]「実際は」

> **bun**…[パン]
> (小型の丸い)(菓子)パン

silentはまったく音がしない状態を言うよ〜。少し音があるけど「静か
な」はquietを使うよ〜。うさぎさんはくまくんからよくBe quiet. っ
て言われてるよ〜。

まっすぐ立つのがだいじだよ,
Pちゃん。いいね?

It's **important** to stand up **straight**,
Pchan. Okay?

結構教えてくださる

☐ 829 **important**
[impɔ́ːrt(ə)nt] インポートゥント

形 (物事が) 大切な, 重要な, だいじな

☐ 830 **straight**
[streit] ストゥレイト

副 まっすぐに; 直立して
形 まっすぐな

首が痛い

僕, 枕かな? って思って

ふっくらぁ、
普通のまくらぁ!
びっくりするくらいでかいんだよね

首折
れ る!
こんな感じで

その友達, 枕でかすぎて睡眠不足に悩んでる。

She is **troubled** by a **lack** of sleep because of a **pillow** that
is too **large**.

☐ 831 **trouble**
[trʌ́bl] トゥラブル

動 …を悩ます;
　…に迷惑をかける
名 心配; 困難

lack…[ラック]
不足

☐ 832 **pillow**
[pílou] ピロウ

名 枕

☐ 833 **large**
[lɑːrdʒ] ラーヂ

形 大きい, (面積が) 広い

ぷぷん。もうPちゃんにもわかんないかもしんない、みんながんばれーっ!!!

よく「変な子だね」って言われるんですよ。

People often say to me, "You're strange."

□ 834 **often**
[ɔ́(ː)fən] オ(ー)フン
副 よく, しばしば

よく「人とは何か」って自問して…, でも, どうでもよくなる。

**I often ask myself what a human is ...,
but I don't care anymore.**

□ 835 **myself**
[maisélf] マイセルフ
代 私自身

□ 836 **human**
[hjúːmən] ヒューマン
名 人間, 人

□ 837 **care**
[keər] ケア
動 [ふつう否定文・疑問文で]気にかける
名 注意;世話
熟 take care of ... 「…の世話をする,めんどうを見る」

selfの複数形はselvesだよ〜。ちょっと変わってるから注意〜! 「ぼく
たち自身」ならourselvesだよ〜。

176

僕が話し方を改善した
方法を紹介するね！
I'll **introduce** how I **improved**
my way of speaking!

話がちゃんとできるようになったのか

こういう時はこう言った方がいいな

□ 838 **introduce**
[ìntrəd(j)úːs]
イントゥロデュース

動 …を紹介する

□ 839 **improve**
[imprúːv] インプルーヴ

動 …を改善する，改良する；…を上達させる

動画をアップするために何回も自分の発言を
確認したんだ。
To **upload** videos, I checked my **speech again** and again.

□ 840 **upload**
[ʌ́ploud] アプロウド

動 （データ）をアップロードする，
（ウェブサイトに）載せる

□ 841 **speech**
[spiːtʃ] スピーチ

名 話すこと，発言；演説，スピーチ
熟 make a speech 「スピーチをする」

□ 842 **again**
[əgén] アゲン

副 また，もう一度
熟 again and again 「何度も，くり返して」

「いやいや，喋れてないよ？」って
言われるかもしれんけど！

177

ダメゲームしよぉー!!

じゃ、お母さんが審判するわ

外国語禁止ゲームをするのね。
いいわ, お母さんが審判をしてあげる。
You're playing the No **Foreign Languages** game.
OK, I'll be the **judge**.

☐ 🌸 843 **foreign**
[fɔ́(ː)rin] フォ(ー)リン
形 外国の

☐ 🌸 844 **language**
[lǽŋgwidʒ] ラングウィヂ
名 言語, ことば

☐ 🌸 845 **judge**
[dʒʌ́dʒ] ヂャッヂ
名 (スポーツの)審判(員);裁判官
動 …を判断する;…を審査する, 審判する

スタート!!

審判, 厳しいいいい!
The judge is so **severe**!

☐ 🌸 846 **severe**
[sivíər] スィヴィア
形 (人・規則・罰などが)厳格な, 厳しい;
(気候などが)厳しい;(痛みなどが)ひどい

お兄ちゃん、今日も僕と遊ぶの！！

うさぎさんの隣は僕じゃなくて

うさぎさんといられる時間が 減っちゃって寂(さび)しいんだ。

I feel **lonely** because the time I can spend with Usagi-san has **decreased**.

☐ 847 **lonely**
[lóunli] ロウンリィ

形 寂しい、孤独な、ひとりぼっちの

☐ 848 **decrease**
[dikrí:s] ディクリース

動 (数・量などが)減る；(数・量など)を減らす

decreaseの反対はincrease「増える」だよ〜。いっしょに覚えておくといいかも〜！

やっぱり僕の隣はくまくんが

一番落ち着くなぁ〜！！

くまくんが隣にいるのが一番落ち着くなぁ〜！

I can **relax** the most when you're next to me.

☐ 849 **relax**
[rilǽks] リラックス

動 くつろぐ、リラックスする

ごめん。もうアちゃんにもわかんないかもしんない。みんながんばれーっ！！！

すごい変なホールみたいなところに

チョコだったんですよね

ブシュブシュってされて

目が覚めた

夢の中でチョコレートを食べて,
ジェットコースターに乗ったよ。
I ate chocolate and rode a roller coaster in my dream.

☐ 850 **chocolate**
[tʃák(ə)lət]チャコレト
名 チョコレート

☐ 851 **ride**
[raid]ライド
動 (馬・乗り物)に乗る
活 ride - rode - ridden
名 (馬・乗り物などに)乗ること

☐ 852 **roller coaster**
[róulər kòustər]ロウラァ コウスタァ
名 (遊園地などにある)ジェットコースター

1年間1つもお菓子食べ
ないとか, できんのかな?
Is it possible for me not to eat any sweets for a year?

1年間お菓子禁止とか

☐ 853 **any**
[əni, éni]エニ, エニィ
形 [否定文で][数えられる名詞の複数形の前で]1つも(…ない), [数えられない名詞の前で]少しも(…ない)

ちなみに…「メリーゴーランド」はmerry-go-round,「観覧車」はFerris wheel,「お化け屋敷」はhaunted houseって言うよ〜。

スルメはおやつに入りますか?

Is *surume* included in snacks?

すっと悩んでるんだ?

☐ **854 include**
[inklú:d] インクルード

動 …をふくむ,(全体の中に)…をふくめる, 入れる

練乳かけで食べてた!!

友達がいちごに練乳かけてて, 僕もそれやりたいなってちょっと思った。

My friend put condensed milk over strawberries, so I also wanted to do that a little.

☐ **855 strawberry**
[stró:beri] ストゥローベリィ

名 いちご

☐ **856 little**
[lítl] リトゥル

副 [a littleで肯定的に]少し
形 小さい

condensed milk
…[コンデンスト ミルク] 練乳

練乳はずるくない!?

数えられないものを「少し」というときにはlittleを使うけど, 数えられるものが「少し」のときはfewって単語を使うよ〜。
Usagi-san has a few friends.(うさぎさんには友達が2, 3人いるよ。)みたいにね〜。

ごめん。もうPちゃんにもわかんないかもしんない, みんながんばれ〜っ!!!

ドラマでよく見るカップめんを食べてみたいの。

I want to try eating the **instant noodles** I often see in **dramas**.

食べてみたいの

☐ 857	**instant** [ínstənt] インスタント	形 (食べ物が)即席の;すぐの,即座の
☐ 858	**noodle** [núːdl] ヌードゥル	名 [ふつう複数形で]めん類,ヌードル
☐ 859	**drama** [drάːmə] ドゥラーマ	名 (テレビなどの)ドラマ;劇;演劇

これ,どこから開けるのかしら??

お湯を注ぎます

3分待たなければなりません

ここを開けて,熱湯を注ぎ,3分待たなければなりません。

You have to **open** here, pour **boiling** water, and wait for three minutes.

☐ 860	**open** [óup(ə)n] オウプン	動 …をあける,開く 形 開いた;あいている
☐ 861	**boil** [bɔ́il] ボイル	動 …を沸かす;…を煮る,ゆでる boiling 「沸とうしている」 boiled 「沸とうした,ゆでた」

pour…[ポー(ァ)]
(飲み物など)を注ぐ,
入れる,流し込む

あ…？！　おいしーっ！！

びっくりするほどおいしーっ！これはみんなハマるわ！

**It's surprisingly delicious!
Everyone is sure to get hooked!**

 862 **surprisingly**
[sərpráiziŋli] サプライズィングリィ

副 おどろくほどに、すばらしく

hook…[フック]
…をつり針でつる
（ハマる）

 863 **delicious**
[dilíʃəs] ディリシャス

形 （食べ物・料理が）とてもおいしい；香りのよい

こちら豚骨ラーメンでございます！！　お～いしーっ！！

こちら豚骨ラーメンでございます！

Here is ramen in pork bone soup!

 864 **pork**
[pɔːrk] ポーク

名 ぶた肉

bone…[ボウン]
骨

865 **soup**
[suːp] スープ

名 スープ

 とまらないわ！

ごめん。もうアちゃんにもわかんないかもしんない、みんながんばれーっ！！！

お金ないからって言って　　占い師になる

田中さんはお金をかせぐために占い師になるって決めた。

Ms. Tanaka decided to become a fortune-teller to earn money.

☐ **866**	**Ms.** [miz]ミズ	名 [女性の姓または姓名の前につけて]…さん, …先生
☐ **867**	**decide** [disáid]ディサイド	動 …を決める 熟 decide to ... 「…しようと決心する」
☐ **868**	**earn** [ə:rn]ア～ン	動 (お金)をかせぐ

> **fortune-teller**
…[フォーチュンテラァ] 占い師

名前を決めて下さい　　「天使田中」で

名前を決めてください。たとえば「天使田中」とか「田中マジック」とか。

Please choose a name. For example, "Angel Tanaka" or "Tanaka Magic."

☐ **869**	**choose** [tʃu:z]チューズ	動 …を選ぶ, 選択する 活 choose - chose - chosen
☐ **870**	**angel** [éindʒ(ə)l]エインヂ(ェ)ル	名 天使
☐ **871**	**magic** [mǽdʒik]マヂク	名 魔法；手品, マジック；魔力

お菓子って書いてあったらお菓子 ウエハースって書いてあったんよ

パッケージの成分表示を見たけど、お菓子って書いてなかったんよ。

I checked the ingredient list on the package, but it didn't say "sweets."

☐ 872 **list** [list] リスト　　名 リスト, 一覧表

☐ 873 **package** [pゑkidʒ] パケヂ　　名 包み；(郵送用の)小包；(包装用の)箱, 袋, パック

> **ingredient**
> …[イングリーディエント]
> 構成要素, 原料；成分

ウエハースのことなんだと思っとったん？

――健康食品。

— Health food.

健康食品

☐ 874 **health** [helθ] ヘルス　　名 健康, 健康状態

ウエハースはお菓子？知らなかったな〜。

P丸様。〜！　ウエハースはお菓子だと思うんだ〜！　あ, ちなみに「健康的な」はhealthyって言うよ〜。I want to be healthy. 健康でいたいよね〜。

ごめん。もうPちゃんにもわかんないかもしんない。みんながんばれーっ!!!

りすくんはベンチに座っている男の人と会った。
それはタピオカマンだった。
Risu-kun saw a man **sitting** on a **bench**.
It was Tapioca-man.

| □ | 875 | **sit**
[sit] スィット | 動 座る
活 sit - sat - sat |
| □ | 876 | **bench**
[bentʃ] ベンチ | 名 ベンチ, 長いす |

タピオカマンがピザを配達してくれた。
宅配ピザの仕事してるんだね…。
Tapioca-man has **delivered** the **pizza**.
He's working as a pizza **delivery** person ....

□	877	**deliver** [dilívər] ディリヴァ	動 …を届ける, 配達する
□	878	**pizza** [píːtsə] ピーツァ	名 ピザ
□	879	**delivery** [dilív(ə)ri] ディリヴ(ァ)リィ	名 配達；出産

186

昨日から体調が悪くて‥

おでこでお熱測ってあげる!!

昨日から体調悪い。
I've been in poor condition since yesterday.

☐ 880 **condition**
[kəndíʃən] コンディション

名 (物の)状態；(患者などの)健康状態；
［複数形で］状況

☐ 881 **since**
[sins] スィンス

前 …以来，…から(ずっと今まで)
接 …して以来

☐ 882 **yesterday**
[jéstərdei] イェスタデイ

名 きのう
副 きのう(は)

むにゅっ!!

僕、食中毒だって‥

うさぎさんは腹痛を起こしちゃった。
Usagi-san got a stomachache.

☐ 883 **stomachache**
[stʌ́məkeik] スタマクエイク

名 腹痛，胃痛

ま，まさか…食べたん?

187

8時50分に起きた時のお話です

もぉ、遅刻する!!

ヒッチハイクをしたんです!!

止まったんだよね?!

寝坊したとき,ヒッチハイクやってみたら成功したんだよね!

When I **woke** up **late**, I tried hitchhiking, and it was **successful**!

☐ **884 wake**
[weik]ウェイク

動 《wakeまたはwake upで》目が覚める,目を覚ます
活 wake - woke - woken

hitchhike…[ヒチハイク] ヒッチハイクする

☐ **885 late**
[leit]レイト

副 遅く,遅れて
形 (時刻・時間が)遅い;遅れた

☐ **886 successful**
[səksésfəl]サクセスフル

形 成功した,うまくいった

どうしました?

What's the **matter**?

ど・どうしました??

☐ **887 matter**
[mǽtər]マタァ

名 困ったこと;事がら,問題
熟 What's the matter? 「どうしたの?」

行カセテモラッテモイイデスカ〜？

めっちゃ笑ってて

Wwww

海外の観光客のふりしたけど, 後ろの子たちは笑ってた。

I pretended to be a visitor from overseas, but the children behind me were laughing.

□ 888 **visitor**
[vízitər] ヴィズィタァ
名 訪問者，来客；観光客

pretend…[プリテンド]
…のふりをする

□ 889 **overseas**
[ouvərsíːz] オウヴァスィーズ
副 海外へ[で]，外国へ[で]
形 海外の，外国の
名 海外

□ 890 **child**
[tʃaild] チャイルド
名 子ども
複 children

思ったより 早く着いたね。

You've arrived earlier than I expected.

え、なんか思ったより早かったね

□ 891 **early**
[ə́ːrli] ア〜リィ
副 （時刻・時期が）早く
形 （時刻・時期が）早い

expect…[イクスペクト]
…を予想する，予想する

良い子はマネしちゃダメだよ!

P丸様。大胆だなぁ〜。
ちなみに early の反対は late（遅い，遅く）だよ〜。

ごめん。もうPちゃんにもわかんないかもしんない、みんながんばれーっ!!!

声分けがあんまりできてないって言う

めっちゃ傷ついた

声優がキャラを演じ分けできてないって
コメントが来たのよ！ めっちゃへこんだ。
A comment says that the voice **actor** can't perform
characters differently! I was really **depressed**.

☐ **892** **actor**
[ǽktər] アクタァ

名 （男女を問わず）俳優，
役者

character
…[キャラクタァ] 登場人物
differently
…[ディフ(ェ)レントゥリィ]
ちがって，異なって

☐ **893** **depressed**
[diprést] ディプレスト

形 元気のない，落胆した

感情の起伏？！

そこまでも全部変えなきゃいけないのよ!!

感情の起伏の程度まで考えなきゃ
いけないのよ！
I have to consider **even** the **degrees** of
emotional ups and downs!

☐ **894** **even**
[í:vən] イーヴン

副 …でも，…でさえ，
…すら
熟 even if … 「たとえ…だ
としても」（まだ起こっていないことについて使う）

consider…[コンスィダァ]
…をよく考える，検討する

☐ **895** **degree**
[digríː] ディグリー

名 （温度・角度などの）度；
（量・段階などの）程度，レベル

☐ **896** **emotional**
[imóuʃ(ə)nəl] エモウシ(ョ)ナル

形 感情的な；感情の

このトラックでお嬢様のお弁当を お運びします!

I'll carry your *bento* on this truck!

☐ **897** **carry**
[kǽri] キャリィ

動 …を運ぶ;(トラックなどが)(物)を運ぶ; (人)を乗せる

☐ **898** **truck**
[trʌk] トゥラック

名 トラック, 貨物自動車

子どものころを思い出すわね。私が小学生のとき あなたこんなことしてたわね。

This reminds me of my early years. You did something like this when I was in elementary school.

☐ **899** **remind**
[rimáind] リマインド

動 (物事・人が)(人)に気づかせる, (人)に思い出させる

熟 remind+人+of … 「(物事・人が)(人)に…を思い出させる」

☐ **900** **elementary school**
[eləméntəri skùːl]
エレメンタリィ スクール

名 小学校

〈まとめて覚えたい単語〉
「中学校」は**junior high school.**
「高校」は**high school.**
「大学」は**college**

ヤッホー
虫

虫が入ってきたの

きゃー!!

体育館で部活してたら, 虫が入ってきたの。

When we were doing **club activities** in the **gym**, an insect **flew** in.

☐	901	**club** [klʌb] クラブ	名 (学校などの)クラブ, …部	**insect**…[インセクト] 昆虫
☐	902	**activity** [æktívəti] アクティヴィティ	名 [ふつう複数形で] (ある分野の)活動	
☐	903	**gym** [dʒim] ヂム	名 体育館	
☐	904	**fly** [flai] フライ	動 (鳥・虫などが)飛ぶ;飛行機で行く 活 fly - flew - flown	

みんなうるさい!

ブスっ

僕刺された

「うるさい!」って言ったすぐあとに脚を虫に刺されちゃって。あんまり痛くて大泣きした!

I was stung on my **leg** soon after I said, "Be **quiet**!"
It **hurt** so much that I cried a lot!

☐	905	**leg** [leg] レッグ	名 (人・動物の)足, 脚	**stung**…[スタング] stingの過去形,過去分詞形 (昆虫・植物が)(…を)刺す
☐	906	**quiet** [kwáiət] クワイエト	形 静かな	
☐	907	**hurt** [hə:rt] ハ〜ト	動 (体の一部が)痛む, 痛い 活 hurt - hurt - hurt	

TVアニメ化

テレビアニメになること!!

サイコすぎて無理だよ

社会という名の

悪魔と!!

ごめん。もうのちゃんにもわかんないかもしんない、みんながんばれーっ!!!

僕の目標はテレビアニメ化! そしてぇ! 社会と戦うぅ!

My goal is to be made into a TV anime!
Then, I'll fight against society!

☐ **908 goal**
[góul] ゴウル
名 (人生・努力などの)目標, ゴール

☐ **909 society**
[səsáiəti] ソサイエティ
名 社会, 世の中, 世間

子どもに悪影響だよ!
It will have a negative influence on kids!

子供に悪影響だよ!!

☐ **910 negative**
[négətiv] ネガティヴ
形 否定の, 否定的な; 消極的な

☐ **911 influence**
[ínflu(:)əns] インフル(ー)エンス
名 影響(力); 影響力のある人・もの

うさぎさんはまったく困るなあ〜。あ, goalって単語のポイント〜! サッカーで「ゴールを決める」っていうときは, make a goalっていうんだよ〜。

今日の動画でお話したいと思います

よろしくお願いします

なぜ僕がYouTuberになったのかと, 僕の人生を形づくった経験を話します。

I'll tell you about why I became a YouTuber and the **experiences** that **shaped** my life.

912 **experience**
[ikspí(ə)riəns] イクスピ(ア)リエンス
名 経験, 体験
動 …を経験する

913 **shape**
[ʃeip] シェイプ
動 …を形づくる
名 形, かっこう, 姿

僕は暗闇（くらやみ）の中でモグラ に育てられました。

I was **raised** by a mole in the **dark**.

もぐらに育てられていました

914 **raise**
[reiz] レイズ
動 (子ども)を育てる; (手など)を上げる

mole…[モウル] モグラ

915 **dark**
[dɑːrk] ダーク
名 暗闇; 夕暮れ
形 暗い, (色が)こい

ほんとに?

初めて地上に出たんです　めっちゃ明るくて

ごめん。もう♡ちゃんにもわかんないかもしんない、みんながんばれーっ！！！

初めて地上に出たら，めっちゃ明るかったんです。

When I went above the **ground** for the first time,
it was so **bright**.

- ☐ 916 **ground**
  [graund] グラウンド　　　名 地面

- ☐ 917 **bright**
  [brait] ブライト　　　形 明るい；かがやいている；(色が)あざやかな

sunny！！

思わず言っちゃったの，「Sunny!」って。アルバムのタイトルはこの言葉から来ています。

Without thinking, I said, "**Sunny**!"
The **title** of my **album** comes from this word.

- ☐ 918 **sunny**
  [sʌ́ni] サニィ　　　形 明るく日のさす，よく晴れた；陽気な

- ☐ 919 **title**
  [táitl] タイトゥル　　　名 (本・映画・絵画などの)題名，タイトル

- ☐ 920 **album**
  [ǽlbəm] アルバム　　　名 (CDなどの)アルバム

嘘でぇ～～～～す！
I'm just kidding!

2回目の注射の時の

神様、お熱出ないようにして下さい!!

僕ね, 予防注射を打って, 神様に
「助けてください!」って祈ったの。

I took a vaccine, so I prayed to the god, "Please save me!"

☐ 921	**pray** [prei] プレイ	動 祈る, 願う	**vaccine**…[ヴァクスィーン] ワクチン
☐ 922	**god** [ɡɑd] ガッド	名 神	

高熱
バカ出た!!

そしたら, めっちゃ高熱出たのね,
はっきり何度かはわかんないんだけど!

Then, I had a high fever, although I didn't know my temperature exactly!

☐ 923	**temperature** [témp(ə)rətʃər] テンペラチァ	名 温度, 気温; 体温	**although**…[オールゾウ] …だけれども
☐ 924	**exactly** [igzǽktli] イグザクトゥリィ	副 正確に; ちょうど, まさに	

ホントにヤバかった!
That was really bad!

インフルエンザじゃないらして

最近イメチェンをしたんだけど　え、全然似合ってない。

最近イメチェンしたんだけど, 好きじゃないっていうファンもいるの。

I changed my look recently, but some of my fans don't like it.

☐ 925 **change**
[tʃeindʒ] チェインヂ

動 …を変える, 変更する

☐ 926 **recently**
[ríːsntli] リースントゥリィ

副 最近, 近ごろ

P丸様。のイメチェン, 素敵だとおもうけどなあ〜。ちなみに「着替える」はchange clothes, 「電車を乗り換える」はchange trainsって言うよ〜。

みんなに「Pちゃんは可愛い妖精さん」って言ってほしいっ!!!

I want you to say, "Pchan is a pretty fairy"!!!

可愛い可愛い妖精さん!!

☐ 927 **fairy**
[fé(ə)ri] フェ(ア)リィ

名 (おとぎ話に出てくる)妖精

よろしくね♡

ごめん。もうPちゃんにもわかんないかもしんない、みんながんばれーっ!!!

鈴音様には苦労し, 常に頭を痛めておりました。

I had a **tough** time with Suzune and always **suffered** from a **headache**.

（私も頭を痛めるほど苦労しました）

☐	928	**tough** [tʌf] タフ	形 (問題・仕事などが)難しい；きびしい；たくましい
☐	929	**suffer** [sʌ́fər] サファ	動 (苦痛・損害などを)受ける 熟 suffer from ... 「…に苦しむ, なやむ」
☐	930	**headache** [hédeik] ヘデイク	名 頭痛

セミの抜け殻まみれにしたり

大きな落とし穴に落とし,

退学させられ

イカれポンチお姉様がいるのである。

鈴音様は同級生を巨大な穴に落としました。

She dropped her classmates into a **huge hole**.

☐	931	**huge** [hju:dʒ] ヒューヂ	形 とても大きな, 巨大な
☐	932	**hole** [houl] ホウル	名 穴

友達が卒業式で

うわぁあああい

友達が卒業式で名前を呼ばれて, バカでかい声で返事をしました。——うわぁあああい!

My friend answered in a too-**loud** voice at the **graduation ceremony** when his name was called. — Yeeeessss!!

☐ 933 **loud**
[laud] ラウド

形 (音・声などが) 大きい; うるさい

☐ 934 **graduation ceremony**
[ɡrǽdʒuéiʃən sérəmouni]
グラヂュエイション セレモウニィ

名 卒業式

大すべりした後www

生徒指導室行きだったww

ウケ狙いがすべったあと, 先生が彼を別室に連れて行きました。

After his attempt at getting laughs failed, a **teacher** took him to another room.

☐ 935 **teacher**
[tíːtʃər] ティーチァ

名 先生, 教師

attempt…[アテン(プ)ト]
試み, 企て

なんで叫ぼうと思ったのwww

ごめん。もう〇〇ちゃんにもわかんないかもしんない。みんながんばれーっ!!!

イライラしてきて

友達とで聞いてたんだよ

お風呂入ってるとき, 昔の記憶を思い出して
イライラしちゃったの。

While I was taking a bath, I **remembered** a **past** memory
and got irritated.

☐ 936 **remember**
[rimémbər] リメンバァ

動 …を思い出す;
…を覚えている

irritated…[íritèitid]
(人が) いらだった, いらいらした

☐ 937 **past**
[pæst] パスト

形 過去の, いままでの

え、それ本当なの？！

嘘？！？！

3人の子たちが怖い話をしてきて, 僕たち信じちゃっ
たの。だけど, ホントは有名な小説の話だったの。

They told us a scary story, and we believed it.
However, it was **actually** from a **famous novel**.

☐ 938 **actually**
[ǽktʃuəli] アクチュアリィ

副 実際には

☐ 939 **famous**
[féiməs] フェイマス

形 有名な

☐ 940 **novel**
[nάv(ə)l] ナヴ(ェ)ル

名 (長編) 小説

最近，友達とご飯に行ったんですよね　帰って寝てほしいっす

僕が眠すぎて, おたがい言いたいことが伝わってなかったの。

I was so **sleepy** that we couldn't **communicate** with **each** other.

☐ **941** **sleepy**
[slíːpi] スリーピィ

形 眠い, 眠そうな

☐ **942** **communicate**
[kəmjúːnəkeit] コミューニケイト

動 意思を伝えあう,
コミュニケーションをとる

☐ **943** **each**
[iːtʃ] イーチ

形 それぞれの
代 それぞれ
熟 each other「おたがい(に)」

ショックだったけど, 言うこと聞いてすぐに帰ることにしました。

I was **shocked**, but I **followed** my friend's advice and decided to go home right away.

すぐさま帰ることになったんさ?

☐ **944** **shock**
[ʃɑk] シャック

動 …にショックを与える, 衝撃を与える

☐ **945** **follow**
[fálou] ファロウ

動 (規則・指示など)に従う;
…のあとについていく

帰り道, 滑舌悪すぎてタクシーの人に言われたの。
「歯がない方ですか?」ってwwwww

ちなみにここでのright awayは「すぐに」って意味だよ〜。

みなさんは何の係に入ってましたか？

お笑い係っていう

お笑い係っていうのは

お笑いを披露する

僕はクラスでお笑い係でした。
週に1回, 超サムい漫才をしてたんです。
I played the **role** of a **comedian** in my class.
We performed a boring **comedy once** a week.

□ 946 **role**
[roul] ロウル
名 (映画・演劇などの)役；役目, 役割

□ 947 **comedian**
[kəmíːdiən] コミーディアン
名 お笑い芸人, 喜劇役者, コメディアン

□ 948 **comedy**
[kámədi] カメディ
名 (芝居の)喜劇

□ 949 **once**
[wʌns] ワンス
副 1度, 1回；かつて, 昔は, 以前

なかったことにしたい
よー！
I want to believe that it never
happened!

わあああ！！

□ 950 **happen**
[hǽpən] ハプン
動 起こる, 生じる

便秘で悩んでるって言ってて

便秘腸内破裂みたいな

便秘が一週間続いているなら 病院行った方がいいよ！

If you're constipated for a week, you should go to the **hospital**!

☐ 951 **hospital**
[háspitl] ハスピトゥル
名 病院

> constipated…
> [カンスティペイティド] 便秘の

便秘の動画出てくんだけど？！

ええええ？！

その動画のURLを公式アカウントで投稿して拡散されちゃったの!! みなさんも気を付けてください。

I posted the URL of the video on my **official** account and it was **spread**!! Please be **careful**.

☐ 952 **official**
[əfíʃəl] オフィシャル
形 公式の, 正式な；公の

☐ 953 **spread**
[spred] スプレッド
動 …を広げる；(ニュース・うわさなど)を広める
活 spread - spread - spread

☐ 954 **careful**
[kéərfəl] ケアフル
形 注意深い, 慎重な

便秘じゃないっ！！

僕じゃない！ 友達が便秘だったんだ!!

ごめん。もうPちゃんにもわかんないかもしんない・みんながんばれーっ!!!

友達のパーティーに招待されたんですよ。みんな
めちゃくちゃ積極的に僕の話を聞いてくれたの!
I was **invited** to my friend's **party**.
Everybody listened to me with a **positive** attitude!

☐ 955 **invite**
[inváit] インヴァイト

動 …を招待する
熟 invite+人+to…
「(人)を…に招待する」

attitude
…[アティテュード]
態度；考え方，気持ち

☐ 956 **party**
[pá:rti] パーティ

名 パーティー，集まり，会

☐ 957 **everybody**
[évribɑdi] エヴリバディ

代 だれでも，みんな

☐ 958 **positive**
[pázətiv] パズィティヴ

形 明確な；積極的な，前向きな

P丸様。と喋り方似て
るね。
**Your way of speaking is
similar** to Pmarusama's.

☐ 959 **similar**
[símələr] スィミラァ

形 同じような，似かよった

誰デスカ、ソレ〜‥

「調べてみー」って言われて

1人の子がPちゃんをスマホで検索し始めちゃって。

A girl started to search for Pchan on her smartphone.

 960 search
[sə:rtʃ] サ〜チ

動 《search forで》…を(求めて)さがす

 961 smartphone
[smáːrtfoun] スマートゥフォウン

名 スマートフォン, スマホ

「君絶対YouTubeしたほうがいいよ!!」

絶対人気でるよ!!

君, YouTuberの才能あるよ!人気者になるよ!

You have a talent for being a YouTuber!
You'll be a popular performer!

 962 talent
[tǽlənt] タレント

名 (生まれつきの)才能, 素質

 963 performer
[pərfɔ́ːrmər] パフォーマァ

名 演奏者, 役者, 芸人;行為者

身バレしそうになって音信不通にするっていう最低な人になってしまいました!

ごめん。もうPちゃんにもわかんないかもしんない、みんながんばれーっ!!!

友達ができないの

ずっと笑顔でいて下さい

こ‥こうかしら？？

顎は出さないでください

たくさんお友達を作りたいのなら，ずっと口角を上げていて下さい。顎は引っ込めて。

If you want to make many friends, please keep the **corners** of your mouth lifted. **Pull back** your chin.

	964	**corner** [kɔ́ːrnər] コーナァ	名 (通りの)角；(部屋などの)すみ；(物の)角

	965	**pull** [pul] プル	動 …を引く，引っぱる

	966	**back** [bæk] バック	副 もとへ，帰って；後ろへ

> **lift**…[リフト]
> …を持ちあげる，上げる
> **chin**…[チン]
> あご，あご先

執事はお嬢様を笑顔にする効果的な方法を見つけました。

He found an **effective** way to make her smile.

ニコニコしてたから

	967	**effective** [iféktiv] イフェクティヴ	形 効果的な，効力のある

私が高校卒業してすぐに

お父様から執事の依頼が来たので

私は高校を卒業したあと，一流ホテルで働くつもりでした。
I was going to work for a first-class **hotel** after I **graduated** from high school.

□ 968 **hotel**
[houtél]ホウテル

名 ホテル

first-class…
[ファ～ス(トゥ)クラス]
一流の，最高級の

□ 969 **graduate**
[grǽdʒueit]グラヂュエイト

動 (graduate fromで)
…を卒業する

ちょっとやってみるか

みたいな軽いノリで

軽いノリでこの仕事をやってみました。
I tried this job with a **light**-hearted attitude.

□ 970 **light**
[lait]ライト

形 (重さが)軽い，
(量・程度などが)軽い
名 光；明かり

light-hearted…
[ライトハーティド]のんきな

ごめん。もう∀ちゃんにもわかんないかもしんない。みんながんばれ〜っ!!!

私の前任者はなんで辞めていったんでしょうねぇ〜〜???

あの2月の打ち合わせ
に戻れたらいいのに…。
I wish I could **return** to the
meeting last February.

バカ反省した詩なんですけど

☐ **971 return**
[ritə́:rn] リターン

動 (もとの状態・前の話題に)戻る;
(もとの場所へ)帰る, 戻る

☐ **972 meeting**
[mí:tiŋ] ミーティング

名 会, 集会, ミーティング

バレンタインクッキーを渡したんですよ

食べちゃったの!?

プレゼントとして男性の方にクッキーをあげたあと,
めっちゃおなか空いてきて自分で食べちゃったの。
After I gave a man **cookies** as a **gift**,
I ate them because I was very hungry.

☐ **973 cookie**
[kúki] クキィ

名 クッキー

☐ **974 gift**
[gift] ギフト

名 贈り物, プレゼント

本当に申し訳ない。

giftはフォーマルな感じのプレゼント。親しい人に渡す「プレゼント」は
presentを使うことが多いんだよ〜。にしてもP丸様。…それは絶対食
べちゃダメだったやつだよねぇ〜。

海に行ったんですよ

ビリビリビリってなって!!

クラゲに刺されてたの!

20分も保たんわ

ごめん。もう○ちゃんにもわかんないかもしんない、みんながんばれーっ!!!

海でクラゲに刺されたの。 電気が流れてんのかと思った!

In the sea, I was stung by a jellyfish.
I thought electricity was running through me!

☐ **975** **sea**
[siː] スィー
名 海

☐ **976** **jellyfish**
[dʒélifiʃ] ヂェリフィシ
名 クラゲ

☐ **977** **electricity**
[ilektrísəti] イレクトゥリスィティ
名 電気

おじさんに脅されてガン泣き!

5分休んだら また遊びに海へ戻んな!

Take a rest for five minutes and then
get back to the sea to play again!

5分休んだらまた遊んでこい!!

☐ **978** **rest**
[rest] レスト
名 休息, 休けい
動 休む, 休けいする

209

タクシーで運転手さんの隣に男性が座ってる。
A man is sitting next to the **driver** in a **taxi**.

☐ 979 **driver**
[dráivər]ドゥライヴァ　　名 車を運転する人

☐ 980 **taxi**
[tǽksi]タクスィ　　名 タクシー

運転手さんによると, 隣には誰もいないらしい。
According to the driver, there is no one next to him.

☐ 981 **according**
[əkɔ́ːrdiŋ]アコーディング　　副《according toで》…によれば

　どういうことなのか, いまだにわからない…

210

僕が壁ドンするから

キュンとしたりするものだよ！！

ヤァァァァァァ！！

手が壁に届かなかったよ

腕が短すぎて壁に届かないよう〜。
My arm is too **short** to **reach** the wall.

☐ 982 **short**
[ʃɔːrt] ショート

形 (物の長さ・距離などが) 短い；
(時間などが) 短い；背が低い

☐ 983 **reach**
[riːtʃ] リーチ

動 …に着く；…に手が届く

うさぎさん…腕みじかっ…。ところで、みんなはもう知ってるかな〜。
shortの反対はlong「長い」やtall「(背などが) 高い」だね〜。

くまくんを怒らせちゃったみたい…。
I'm **afraid** that I made Kuma-kun **angry** ….

行クヨ？

☐ 984 **afraid**
[əfréid] アフレイド

形 おそれて、こわがって
熟 be afraid that ... 「…ではないかと心配する」

☐ 985 **angry**
[æŋgri] アングリィ

形 (かんかんに) 怒った、腹を立てた

「それって地声なんですか?」って,
いろんな人が僕に聞くんです。
Various people ask me,
"Is that your natural voice?"

これが地声なんですかぁ〜??

□ **986** **various** 　　　　　　　　　形 さまざまな, いろいろな
[vé(ə)riəs] ヴェ(ア)リアス

地声なわけないだろぉおお!

こんな声で日常生活を送ってたらおかしいだろ?

Living a daily life with a voice like this would be strange,
wouldn't it?

□ **987** **live** 　　　　　　　　　動 住む, 暮らす, 生きる
[liv] リヴ 　　　　　　　　　　　熟 live a ... life 「…な生活をする」

□ **988** **daily** 　　　　　　　　　形 日常の, 毎日の
[déili] デイリィ

ホントはめっちゃ低い声。

「住む」のliveは[リヴ]と発音するけど, [ライヴ]と発音すると「生の」って意味になるよ〜。「ライヴコンサート」は英語でもlive concertって言うんだよ〜! P丸様。の低い声もボクは好きだよ〜。

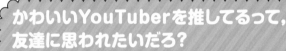

かわいいYouTuberを推してるって，友達に思われたいだろ？

You want your friends to think you're recommending a cute YouTuber, right?

☐ 989 **recommend**

[rekəménd]レコメンド

動 …を勧める，推薦する

これからもブリッ子させてください!!

Please let me continue to act cute in the future!!

ブリッ子させてください!!

☐ 990 **let**

[let]レット

動 《let+人+動詞の原形で》
(人)に(思いどおりに)…させる
活 let - let - let

☐ 991 **continue**

[kəntínju:]コンティニュー

動 …を続ける
熟 continue to ... 「…し続ける」

ついに最後のアドバイス〜！「私に〜させて」はLet me+動詞の原形〜．の形だよ〜。え？ ちょい難しい？ たとえば「自己紹介させて」はLet me introduce myself. とか。便利な表現だからマルっと覚えてみてね〜！

カップルチャンネルを

覚えていないでしょうね？！

200万再生されてるとは
思えない

200万再生されてるやつw

一人二役できてたと思う!!

僕は以前にカップルチャンネルの中で
男の子と女の子を一人で演じていました。
I played the roles of **both a boy** and a girl on my own
in a **couple's channel** before.

 992 **both**
[bouθ]ボウス
形 両方の
熟 both 〜 and ... 「〜も…も両方とも」

□ 993 **boy**
[bɔi]ボイ
名 男の子,少年

□ 994 **couple**
[kʌ́pl]カプル
名 恋人どうし,カップル

□ 995 **channel**
[tʃǽnl]チャヌル
名 (テレビ・ラジオの)チャンネル

僕の黒歴史を君たちが
忘れてることを願います。
I hope you will **forget** my
embarrassing **history**.

どうも！彼氏のぴったん
恥ずかしい…

□ 996 **forget**
[fərɡét]フォゲット
動 …を忘れる
活 forget - forgot - forgotten / forgot

embarrassing
…[エンバラスィング]
(物事が)(人を)はずか
しくさせるような

□ 997 **history**
[híst(ə)ri]ヒスト(ゥ)リィ
名 歴史

MP3 099

Chapter 04

ノーパンで熱唱してるときに友達が家に来たんですよ。でも僕, 友達に気づいてなかったの。
While I was singing without my **pants** on, my friend **visited** me. But I didn't notice her.

998 **pants**
[pǽnts]パンツ
名 [複数あつかい]ズボン

999 **visit**
[vízit]ヴィズィット
動 (人)を訪問する, (観光・見学・視察などで)(場所)を訪れる

合鍵渡してたの忘れてた。
I forgot I gave her my spare **key**.

1000 **key**
[kíː]キー
名 かぎ

spare…[スペア]予備の

ごめん。もう P ちゃんにもわかんないかもしんない、みんながんばれーっ!!!

最後の最後にこの話って…やばいよね?

215

おまけ!! 前置詞の話!

前置詞は，名詞の前に置いて，いろいろな意味を表すよ〜。

🌸 時を表す前置詞

・「…に」

(時刻) に	**at** [ət]アト	**at 11 a.m.**「午前11時に」
(曜日, 特定の日) に	**on** [ən]オン	**on Sunday**「日曜日に」
(年, 季節, 月, 午前／午後) に	**in** [in]イン	**in 1979**「1979年に」

・「…の間」

[期間を表して] …の間	**for** [fər]フォ	**for three hours**「3時間」
[特定の期間を表して] …の間	**during** [d(j)ú(ə)riŋ] デュ(ア)リング	**during summer vacation** 「夏休みの間に」

・「…から」

[起点を表して] …から	**from** [frəm]フロム	**from 7 p.m.**「午後7時から」

・「…ごろ」

およそ, …ぐらいに	**around** [əráund]アラウンド	**around noon**「正午ごろに」

🌸 場所を表す前置詞

on the box「箱の上に」　by the box「箱のそばに」　near Usagi-san [niər]ニア「うさぎさんの近くに」

in the box「箱の中に」　behind Okami-kun [biháind]ビハインド「おおかみくんの後ろに」

into Akazukin-chan
[íntə]イントゥ
「赤ずきんちゃんの中に」

under Akazukin-chan
[ʌ́ndər]アンダァ
「赤ずきんちゃんの下に」

above us
[əbʌ́v]アバヴ
「僕たちの上に」

below sea level
[bilóu]ビロウ
「海面の下に」

among the girls
[əmʌ́ŋ]アマング
「女の子たちの間に」

along the river
[əlɔ́(:)ŋ]アロー(ー)ング
「川に沿って」

🌸 そのほかの前置詞

[場所を表して] …の, 向こうに	**beyond** [bijánd]ビヤンド	**beyond the mountains** 「山の向こうに」
[所属・所有を表して] …の	**of** [(ə)v](ォ)ヴ	**ears of Usagi-san** 「うさぎさんの耳」
[到着点・方向を表して] …へ, …に, …まで	**to** [tə]トゥ	**to his house** 「彼の家に」
…といっしょに；…を持って； [道具・手段・材料を表して]…で	**with** [wið]ウィズ	**with Risu-kun** 「りすくんと」

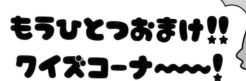

もうひとつおまけ!! クイズコーナ〜〜〜!

問題! ( )にあてはまる単語はな〜んだ!?
答えは,P219の下にあるよ!

❶ 僕の誕生日は9月30日だよ!

My (b　　　　) is (S　　　　　) 30!

....

❷ この写真の子だれ?

(W　　) is the
girl in this (p　　　) ?

....

❸ 私, ユーチューバーになりたいの。

I (w　　　) to be a YouTuber.

....

❹ ブラックコーヒーは苦すぎて飲めないよぉぉぉ。

The (b　　　) coffee is
(t　　　) bitter to drink.

....

❺ イベントが楽しみで, みんなに会うのが待ちきれないよ!

I'm looking (f　　　　　)
to having my event, and
I can't (w　　　) to (m　　　　) you!

6 時間とお金は, 自分のために使ってほしい。

**Please use your (t⠀⠀⠀⠀)
and (m⠀⠀⠀) for (y⠀⠀⠀⠀⠀).**

7 くまくんに会えてうれしい!

**I'm (g⠀⠀⠀) to
(s⠀⠀⠀) Kuma-kun!**

8 お嬢様にお洗濯は難しかった。

**It was (d⠀⠀⠀⠀⠀⠀⠀) for her to
(w⠀⠀⠀) clothes.**

9 今度の日曜日, ひまかな?って。

**Will you be (f⠀⠀⠀⠀)
(n⠀⠀⠀) Sunday?**

10 学生のとき, 友達が目の前で消えたんだよね。

**My friend (d⠀⠀⠀⠀⠀ed) in (f⠀⠀⠀⠀)
of me when we were students.**

つづくよ!

219

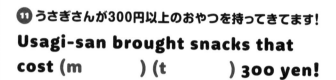

ワイズコーナ〜〜〜！つづき!!!

問題！（　）にあてはまる単語はな〜んだ!?
答えは，P221の下にあるよ！

---

⑪ うさぎさんが300円以上のおやつを持ってきてます！

Usagi-san brought snacks that
cost (m　　　) (t　　　) 300 yen!

---

⑫ ぶっちゃけ，菓子パンはめっちゃ食べた。

In (f　　　), I've eaten
a lot of sweet buns.

---

⑬ くまくんが隣にいるのが一番落ち着くなぁ〜！

I can (r　　　) the (m　　　)
when you're (n　　　) to me!

---

⑭ 昨日から体調悪い。

I've been in poor (c　　　　)
(s　　　) (y　　　　　).

---

⑮ P丸様。と喋（しゃべ）り方似てるね。

Your way of (s　　ing) is
(s　　　) to Pmarusama's.

16 かわいいYouTuberを推してるって友達に思われたいだろ?

You want your (f   ) to think you're
(r   ing) a cute YouTuber, right?

最後は僕のことを海外の人に紹介するときの英語を、
勉強した単語で言ってみよ————!!!!!!!!!

17 P丸様。のことを紹介させてください!

(L   ) me (i   ) Pmarusama!

18 P丸様。はと〜ってもかわいくてカンペキ!

Pmarusama is so (p   )
and (p   )!

19 P丸様。に恋しちゃったんだ♥ Pちゃんの動画, 見てね!

I (f   ) in (l   ) with her♥
Please (w   ) her (v   )!

おつかれさまーっ!!
これでクリアアアアアア!!

Index

さくいん!!

「さくいん」は
英語で「Index」
なんだって〜〜〜〜!!!!!!

さくいん

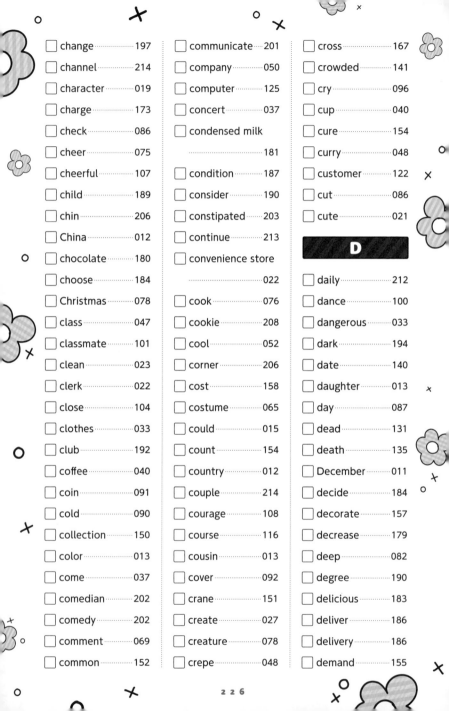

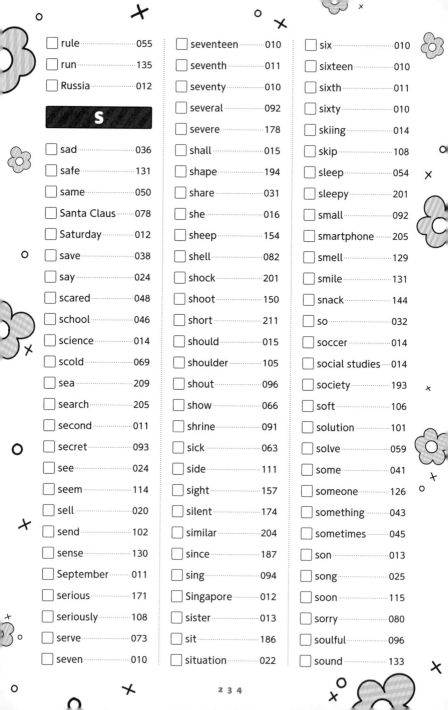

☐ rule … 055	☐ seventeen … 010	☐ six … 010
☐ run … 135	☐ seventh … 011	☐ sixteen … 010
☐ Russia … 012	☐ seventy … 010	☐ sixth … 011
	☐ several … 092	☐ sixty … 010
S	☐ severe … 178	☐ skiing … 014
☐ sad … 036	☐ shall … 015	☐ skip … 108
☐ safe … 131	☐ shape … 194	☐ sleep … 054
☐ same … 050	☐ share … 031	☐ sleepy … 201
☐ Santa Claus … 078	☐ she … 016	☐ small … 092
☐ Saturday … 012	☐ sheep … 154	☐ smartphone … 205
☐ save … 038	☐ shell … 082	☐ smell … 129
☐ say … 024	☐ shock … 201	☐ smile … 131
☐ scared … 048	☐ shoot … 150	☐ snack … 144
☐ school … 046	☐ short … 211	☐ so … 032
☐ science … 014	☐ should … 015	☐ soccer … 014
☐ scold … 069	☐ shoulder … 105	☐ social studies … 014
☐ sea … 209	☐ shout … 096	☐ society … 193
☐ search … 205	☐ show … 066	☐ soft … 106
☐ second … 011	☐ shrine … 091	☐ solution … 101
☐ secret … 093	☐ sick … 063	☐ solve … 059
☐ see … 024	☐ side … 111	☐ some … 041
☐ seem … 114	☐ sight … 157	☐ someone … 126
☐ sell … 020	☐ silent … 174	☐ something … 043
☐ send … 102	☐ similar … 204	☐ sometimes … 045
☐ sense … 130	☐ since … 187	☐ son … 013
☐ September … 011	☐ sing … 094	☐ song … 025
☐ serious … 171	☐ Singapore … 012	☐ soon … 115
☐ seriously … 108	☐ sister … 013	☐ sorry … 080
☐ serve … 073	☐ sit … 186	☐ soulful … 096
☐ seven … 010	☐ situation … 022	☐ sound … 133

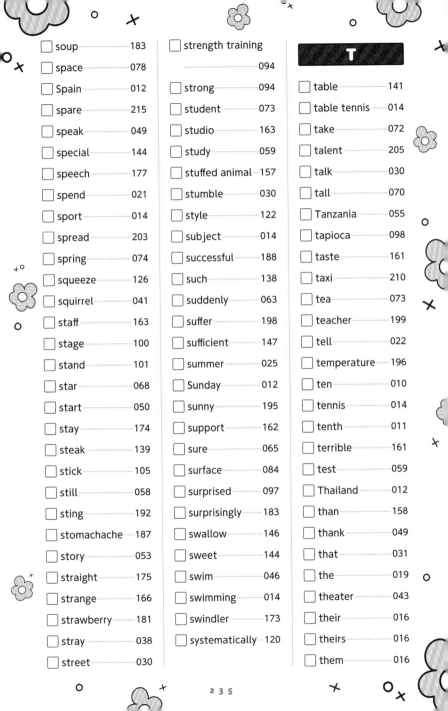

イラスト・原作 … P丸様。

YouTubeやTikTok等の動画投稿サイトで活動中の
マルチエンターテイナー。
クセになる短編アニメ動画が大人気で、
YouTubeチャンネルの登録者数は290万人超、
SNS総フォロワー数は500万人超（2024年5月現在）。
YouTube▶https://www.youtube.com/
@Pmarusama

英語監修 … 本多 敏幸

東京学芸大学大学院教育学研究科英語教育専攻修士課程修了。
都留文科大学・東京女子大学・武蔵大学非常勤講師。
ELEC同友会英語教育学会会長、
NHKラジオ「中学生の基礎英語レベル1」講師などを務める。
著書多数。YouTubeでは「本多敏幸 英語教育ルーム」も配信中。
YouTube▶https://www.youtube.com/
@user-hc7me8dn8w

Staff

編集協力 … マイプラン
ネイティブチェック … Brooke Lathram-Abe
デザイン … arcoinc
本文イラスト（P.1, P.4, P.238-239）… 木屋　町
組版 … フォレスト, 河源社
校正 … 鷗来堂
音声 … 英語教育協議会（ELEC）,
Carolyn Miller

P丸様。と中学英単語1000語が

マスターできるわけな…できま──すっ!!

2024年7月19日　初版発行
2024年9月5日　再版発行

イラスト・原作／P丸様。

英語監修／本多　敏幸

発行者／山下　直久

発行／株式会社KADOKAWA
〒102-8177　東京都千代田区富士見2-13-3
電話:0570-002-301 (ナビダイヤル)

印刷所／TOPPANクロレ株式会社

製本所／TOPPANクロレ株式会社

●お問い合わせ
https://www.kadokawa.co.jp/
(「お問い合わせ」へお進みください)
※内容によっては、お答えできない場合があります。
※サポートは日本国内のみとさせていただきます。
※Japanese text only

定価はカバーに表示してあります。